가장 평범한 것이 가장 행복인 거야

이상인 지음

이 상 한 빛

프롤로그

"나도 그냥 남들처럼 살았으면 좋겠는데 그게 안되는 걸 어떡해."

가족들과 대화를 하다 보면 이런 말이 입 밖으로 자꾸 튀어나온다. 어쩌다 이렇게 된 걸까, 생각해 보면 마음 한구석이 저릿하다. 그러다 또 하루가 끝나고 침대에 누우면, 답답한 마음에 눈물이 흘러내린다. 이 책은 그런 순간들이 너무 지겨워서, 이제는 벗어나고 싶어서 쓰게 된 이야기다. 나 다운 삶을 살고 싶었다.

근데 그게 뭘까? 스스로에게 묻고 또 물었다.

누군가는 돈이 중요하다 하고, 누군가는 안정이 먼저라고 한다. 꿈을 쫓으라는 사람도 있고, 재미가 있어야 한다고 말하는 사람도 있다. 다들 나름의 정답을 이야기하는데 그 수많은 이야기 속에서 나는 점점 길을 잃어갔다. 다른 사람의 답, 세상의 기준을 따라 살다 보니, 정작 내 삶에서 '나'는 사라지고 없었다. 그렇게 마음은 점점 더 무거워졌다. 가라앉는 기분으로 하루하루를 버티며 살았고, 그 안에서 나조차 나를 잃어갔다. 내가 힘들다는 이유로 가까운 사람들에게 상처를 주는 날들도 많았다. 그러다 문득 생각했다.

'나'는 대체 어디로 가버렸을까?
다른 사람들의 삶은 저마다의 이유로 아름다워 보였는데, 왜 내 삶은 나 답지 못한 채 이렇게 흐트러져 버렸을까? 이 책은 그런 답을 찾기 위한 기록이다. 혹시 이 책을 펼친 당신도 나와 비슷한 고민을 해본 적이 있다면, 내 이야기가 작은 위로가 되었으면 좋겠다. "나만 이런 게 아니구나." 혹은 "이 사람도 자기 길을 찾았는데, 나도 할 수 있겠지." 그런 생각이 들면 더할 나위 없겠다.

거창한 답은 없다. 나 다운 삶은 어쩌면 아주 작은 선택들로 만들어지는지도 모른다. 한 글자씩 쓰다 보면 결국 책이 완성되는 것처럼, 삶도 그렇게 조금씩 모양을 만들어간다.

이 책을 읽는 동안, 나와 함께 당신만의 이야기를 그려 보길 바란다. 한 걸음이라도 나 답게 내딛는 당신의 여정에 작은 불씨가 되었으면 좋겠다.

목차

프롤로그 2

#1 정말 그 삶이 내가 원하는 삶일까?

나보다 먼저 기뻐하는 사람들에게 10
남들이 원하는 나로 살면 안 될까? 14
난 누군가의 아픔에서 태어났다. 18
내가 너무 미웠던 사람 22
소나무에 살고 있는 송충이 27
나를 용서할 수 있나요? 31
타인의 시선이 너무도 중요했던 사람 35
정말 힘들어야 했을까? 39
수동적인 인생 43

지금 내 머릿속에 터지는 건 폭죽일까 폭탄일까?	47
내가 예민한 걸까요?	51
좀 멈췄다 갔으면	55
삶이 왜 붕 뜬 것 같지?	58
진짜 내 의견은 어디에도 없던 삶	61
도대체 나에 대해 아는 게 뭐지?	64
나 답게 살고 싶은데 어떻게 안 될까?	68
생각이 행동을 지배할 때	72
번아웃이 왔다.	75
마음을 치료하는 과정에서	80
무심코 던진 돌에 개구리가 맞아 죽는다.	84

#2 시작이 가진 가짜 무게

일단 시작해 봐, 하면 된다니까!	89
나 다운 삶을 찾아가는 여정	94
꽃과 나, 그리고 나 다운 삶의 단편들	100
난 사실 인정받고 싶어 했구나	106
뭐라도 내 마음을 편하게 해주었으면	111
나의 넓었던 인간관계를 돌려주세요	117

이렇게 사는 건 좀 아니지 않나? 123

새로운 직장, 새로운 옷 128

이걸 보다 저걸 보니 저게 갖고 싶네 132

회사원이 되면 모든 게 해결될 줄 알았어요 136

출근길이 재밌는 사람도 있나요? 140

한 번만 용기를 내보면 안 될까? 144

나를 건져 올릴 몸부림 148

다른 사람이 바라본 나 153

또 주저앉는 거야? 157

사람이 좀 흔들릴 수도 있죠. 162

계속하고 있다는 것은 잘하고 있다는 것입니다. 166

마음에 문지기는 없다. 170

이젠 넘어지는 것을 당연하다고 생각해요. 174

결과보다는 좋아하는 것 자체를 즐기는 행복 178

#3 다 저마다의 때가 있다.

되돌아갈 길은 없어 보인다. 184

모두 각자의 짐을 지고 있다. 188

전 이렇게 생각해요. 193

발걸음에 실리는 무게	197
초심이 내 마음을 떠나간 것 같을 때	202
나라고 못 할 이유가 뭐야?	206
작은 경험이라도 좋아.	209
좋아하려고 하면 잘하게 된다.	213
내가 원하는 모습의 나, 지금의 나	218
내게 힘이 되어준 대화	223
꿈 혹은 즐거움을 가지고 있는 사람과 대화하기	227
내가 원하는 것만 심으면 돼요.	231
내가 원하는 게 다른 길에 있다면 다른 길로 가야죠.	236
혹시 저게 나 다운 삶인가?	240
사람마다 자신의 운과 순간이 올 때가 언젠가 있다.	245
에필로그	250

#1

[정말 그 삶이 내가 원하는 삶일까?]

나보다 먼저 기뻐하는 사람들에게

"더 달려, 할 수 있잖아!"

 가족들의 기대에 부응하며 살았다. 그들이 원하는 사람이 되고 싶었다. "더 달려, 할 수 있잖아!"라는 응원의 말에 고개를 끄덕이며 나아가려고 했던 것 같다. 하지만 항상 그 기대를 완벽하게 채우지는 못했다. 평균보다 조금 나은 수준, 상위 30% 정도. 늘 그 정도였다. 잘하는 환경에서는 평범한 사람으로, 조금 느린 곳에서는 우수한 사람으로 보였다. 어느 정도 적당하다 싶으면 그 이상을 하지 않았다. 왜 그랬는지 스스로 물어도 답이 잘 나오지 않는다.

"그냥 적당히 하는 게 좋았던 걸까, 아니면 원래 그렇게 태어난 걸까?"

초등학교 때 나는 육상대회에 나가곤 했다. 잘 뛴다고 칭찬받았고, 실제로 제법 좋은 성적도 냈다. 대회를 준비하며 담임선생님과 운동장을 돌던 기억이 선명하다. 훈련은 치열했다. 마치 사자가 가젤을 쫓는 것 같았다. 내가 뛰기 시작하면 선생님이 뒤를 쫓아왔다. 손에는 막대기가 들려 있었다. 어린 나와 어른이 달리면 누가 먼저 지칠까? 당연히 내가 더 빨리 지쳐야 했는데, 선생님은 지칠 줄을 몰랐다. 나는 죽을 것처럼 뛰었지만, 선생님의 얼굴에는 큰 변화가 없었다.

뒤에서 들려오는 목소리가 커질 때마다 다시 속도를 내야 했다. 풀을 뜯다 놀란 가젤처럼 나는 도망쳤다. 그때는 힘들다는 생각밖에 없었는데, 지금 생각해 보면 그게 일종의 인터벌 훈련이었다. 전력을 다해 뛰다가 조금 느리게 달리고, 다시 전력 질주를 반복했다. 그렇게 대회 날이 되었다. 800m 중장거리 종목에 나갔다. 처음부터 선두를 유지했다. 나는 사람들의 기대 속에서 힘차게 달렸다.

모든 시선이 나를 향했고, 결승선이 가까워질수록 심장은 더 빨리 뛰었다. 그런데 결승선을 코앞에 두고 뒤에서 누군가가 나를 지나쳤다. 나는 힘이 빠져 1등을 놓쳤다. 그래도 2등은 할 수 있었다.

 하지만 바로 옆에서 함께 달리던 아이의 얼굴을 봤다. 그 아이의 표정을 보고 나도 모르게 "이 정도면 됐다"고 생각했다. 그렇게 그 친구는 2등 나는 3등으로 결승선을 통과했다. 여전히 상위 30% 안에는 들었지만, 가족들의 눈에는 아쉬움이 보였다.

 "조금만 더 했으면 좋았을 텐데."

 나는 그 말에 대답하지 않았다. 나 자신도 답답했지만, 그 이상의 노력을 하지 않았다. 사람들은 내가 잘하길 바랐고, 나도 그 기대에 부응하고 싶었지만, 결국 나는 적당한 곳에서 멈추곤 했다. 그게 나쁜 건 아니라고 스스로를 위로하면서도, 마음 한편에는 늘 무언가 부족한 느낌이 있었다. 그 기대와 응원은 때로 나를 힘들게 했다. 왜냐하면 나 자신이 더 나아질 수 있을 거라는 믿음이 점점 희미해지고 있었기 때문이다. 내가 잘해봐야 뭔가 달라질까 하는 생각이 머릿속을 떠나지 않았다.

그렇게 나는 점점 더 나를 작게 만들었다. 나보다 더 기대하는 사람들 속에서, 나는 한 걸음씩 멈추고 있었다.

남들이 원하는 나로 살면 안 될까?

"그래도 뭔가 그렇게 하긴 싫어."

 가족들은 언제나 나를 아껴주고, 나를 위해 열심히 살아주었다. 나는 늘 그들이 고마웠고, 그만큼 좋은 모습을 보여주고 싶었다. 부모님이 내심 바라는 내 모습이 있었을 거고, 동생도 내가 이렇게 했으면 좋겠다는 바람이 있었을 것이다. 나에게 그들은 정말 소중한 사람들이었다. 하지만 그런 기대를 맞추기 위한 노력은 생각처럼 잘되지 않았다. 항상 마음속에 이런 말이 맴돌았다.

"이렇게 하면 가족들이 분명 좋아할 텐데."
"그래도 뭔가 그렇게 하긴 싫어."

무슨 청개구리 같은 마음일까 싶었다. 머리로는 이해가 되는데, 마음이 따라주지 않았다. 아마도 이런 말들을 너무 많이 들어서 일지도 모른다.

"남들 하는 만큼만이라도 해봐."
"남들은 그렇게 열심히 사는데 넌 왜 그러니?"
"다른 사람들도 다 똑같이 사는 거야."

'남'이라는 존재. 보이지도 않고, 만난 적도 없는 그 '남'에 대해 귀에 피가 나도록 들어왔다. 가족들이 던진 말이었지만, 그 말은 내 마음에 거부감을 키웠다. '남들처럼'이라는 말은 나에게 닿지도 못한 채 공중에서 겉돌았다. 그렇게 남들처럼 살아가야 한다는 이야기에 익숙해진 어린 시절이 지나고, 남기고 간 것은 애매함 뿐이었다. 평균을 넘지도, 벗어나지도 않는 결과. 늘 상위 30%쯤. 딱 그 정도였다. 때로는 이런 생각도 들었다.

"평균에 만족하지 말고, 가족들이 좋아할 모습을 위해 조금만 더 열심히 해볼 걸."

"고집 부리지 말고 그들이 원하는 사람이 되어보자."

하지만 그러지 못했다. 나는 다른 사람들의 시선은 신경 쓰면서, 정작 가장 가까운 가족들의 말에는 귀를 닫고 있었다. 그게 너무 위선적으로 느껴졌다. 그런데도 마음 한구석에서는 이런 소리가 자꾸 들렸다.

"그래도, 내가 내 마음에 들어야 하지 않을까?"

그 마음은 끈질겼다. 동시에, 다른 사람들에게 잘 보이고 싶다는 마음도 사라지지 않았다. 그렇게 나는 남들처럼 사는 게 아닌, '나'라는 사람의 삶을 살고 싶다고 생각했다. 하지만 그것 역시 바람일 뿐이었다. 나는 여전히 아무것도 정하지 못한 채 시간만 흘려보내고 있었다. 시간이 지나고 남은 것은 애매함뿐이었다. 평균은 넘지만 그저 그런 사람. 애매하고 흐릿한 사람. 돌아보면 사람들은 기준을 세우는 데 능숙한 존재인 것 같다.

무엇을 측정하거나 기록할 때 비교할 수 있는 값을 정하고, 평균을 찾고, 그 기준 속에서 삶을 살아간다. 나도 알고 있다. 평균이 있어야 계산도 쉽고, 세상도 조금은 이해하기 쉬워진다. 하지만 내게 평균은 기준이 아니었다. 감옥이었다.

"적어도 평균은 되어야지."
"적어도 이 정도는 해야지."

그 말들 속에서 나는 숨이 막혔다. 평균에 미치지 못하면 나 자신이 잘못된 사람처럼 느껴졌다. 그러면서도 그 '평균적인 삶'에 다가가려고 발버둥 치는 내가 있었다. 보통의 삶이 무엇인지도 모르면서, 그 보통에 닿고자 애쓰는 내가 있었다. 그 끝에서 나는 스스로에게 묻고 있었다.

'정말 그 삶이 내가 원하는 삶일까?'

난 누군가의 아픔에서 태어났다.

"원래는 10개월 뒤에 태어났어야 한다고 하더라."

사람은 누구나 자신이 이 세상에 태어난 이야기를 품고 산다. 그런 이야기가 유독 궁금한 날도 있을 것이다. 내게도 그런 날이 있었다. 어머니에게 물었더니 돌아온 대답은 예상 밖이었다.

나와 내 쌍둥이 동생은 보통의 아기들보다 한 달 빨리 태어났다. 어머니가 감기에 걸려 고생하던 중 계속된 기침이 양수를 터뜨렸다고 했다. 적절한 조치가 늦었다면 우리는 세상에 나오지 못했을지도 모른다.

여러 사람의 노력 끝에, 그리고 부모님의 간절함 덕분에 가까스로 태어날 수 있었다. 사람들은 우리를 보며 "아기들이 너무 이르게 태어나서 살 수 있을지 모르겠네."라며 혀를 찼다고 한다. 하지만 부모님의 걱정과 정성이 우릴 지켜준 것일까? 다행히 우리는 무사히 잘 자랐다. 내가 모르는 아픔과 우여곡절 끝에 태어난 나의 이야기를 들으니 두 가지 생각이 떠올랐다. 첫 번째는 어머니를 포함한 많은 사람들의 노고에 대한 감사함이었다.

내가 이 세상에 나올 수 있도록 애써준 모든 이들에게 말로 다 표현할 수 없는 고마움을 느꼈다. 그런데 또 다른 감정이 따라왔다. 그건 이상하게도 죄책감이었다. 내가 어머니를 힘들게 했다는 생각이 머릿속을 떠나지 않았다. 어쩌면 그때부터였던 것 같다.

'나 답게 살면 안 되는 건가?'라는 생각이 스멀스멀 피어나기 시작한 때가. 부모님이 원하는 대로 사는 것이 그들에게 보답하는 길이라고 생각했다. 효도는 그런 거라고 믿었다.

어머니는 가끔 말하곤 했다. "네 동생과 너의 몸무게 차이가 태어날 때는 0.1g밖에 안 났는데, 그게 지금의 차이를 만든 것 같아." 태어날 당시 나는 동생보다 조금 더 작았다. 정말 보잘것없는 차이처럼 느껴지는 이 숫자는 시간이 흐르며 점점 큰 의미를 가지게 되었다.

말을 배우는 것도 동생이 더 빨랐다. 운동도, 공부도 동생이 늘 한발 앞섰다. 어느 순간부터 동생이 나보다 더 형처럼 느껴지기 시작했다. 어머니가 말했던 "0.1g"이라는 숫자가 머릿속을 맴돌았다.
나는 항상 스스로에게 묻곤 했다.

"왜 내가 먼저 나왔을까?"
세상에 단 1분 빨리 나왔다는 이유로 '형'이라는 자리를 얻게 되었지만, 그 자리가 늘 과분하다고 느껴졌다. 특별한 말을 하고 싶어서 이 이야기를 꺼낸 건 아니다. 그저 태어나게 해 주신 부모님께 감사하다는 말을 하고 싶었다. 우리가 태어난 날, 벅찬 마음으로 병원을 가득 채운 어른들의 얼굴을 본 것 같진 않지만, 그 마음은 여전히 느껴진다.

하지만 내 이야기는 조금 달랐다. 그 벅찬 마음과 함께 내가 태어날 때 겪어야 했던 어려움들이 있었다. 어머니의 힘겨움이, 부모님의 걱정이, 그리고 그 모든 순간들이 나를 짓누르곤 했다.

그래서인지. 나는 미안함을 쉽게 떨칠 수 없었다. 어쩌면 그때부터였다. 내 생각이 많아진 것도, 그리고 나라는 존재를 계속 의심하기 시작한 것도.

내가 너무 미웠던 사람

"이럴 바엔 죽고 말지."

이 말은 내가 고작 열한 살 때 뱉은 것이었다. 한참 어린 나이에 왜 이런 말을 했을까? 이유는 단순했다. 내가 입고 있는 옷이 남들에게 보이는 게 너무 부끄러웠기 때문이다.

그날도 어두운 하늘 아래서 농사일을 마쳤다. 하루가 저물었지만, 저녁을 먹으러 근처 식당에 가야 했다. 그때 내 눈에 비친 흙 묻고 허름한 옷은 나를 너무 초라하게 했다.

"사람들이 다 쳐다볼 텐데, 부모님은 왜 이런 옷을 입고 밥 먹으러 가자고 하실까?" 이런 생각들이 머릿속에서 떠나지 않았다. 결국 참지 못하고 부모님께 소리를 질렀다.

"이럴 바엔 죽고 말지!"
부끄러움이 터져 나온 것이었다. 부모님은 당연히 화를 내셨다. 하지만 그럼에도 나를 달래며 함께 식당에 들어갔다. 부모님과 동생은 아무렇지 않게 맛있게 밥을 먹었다. 그런데 그날 나는 단 한 입도 제대로 삼키지 못했다. 그날의 기억은 아직도 내가 가장 후회하는 순간 중 하나로 남아 있다. 나는 농촌에서 어린 시절을 보냈다. 원래 도시에 살던 우리는 어느 날 시골로 이사를 갔다. 새로운 환경에서 농사를 지으며 살게 되었고, 부모님이 가꾸는 밭은 내 생활의 중심이 되었다. 그런데 농사일은 나에겐 고통 그 자체였다. "일이란 건 왜 이렇게 힘들기만 할까?" "억지로 하고 싶지 않은데…" 이런 생각들이 머릿속을 떠나지 않았다. 뜨거운 햇빛 아래서 돌을 캐 옮기고, 허리를 몇 번이고 숙였다 피며 농산물을 심고 수확했다.

하루의 시작은 밭에서 시작되어, 어둠이 내리면 비로소 끝났다. 모두가 힘들다는 걸 알면서도 나는 스스로를 중심에 두고 불평을 쏟아냈다. 특히 아직도 잊을 수 없는 한마디가 있다.

"배추밭에 불 좀 안 나나."

아침 일찍 배추밭으로 나가는 게 너무 싫어서 나온 말이었다. 그 말을 들은 어머니의 표정은 지금도 생생히 기억난다. 나중에 어머니는 그때 그 말이 얼마나 충격적이었는지 털어놓으셨다. 당시 어린 나는 철없이 내뱉었지만, 지금 생각해 보면 너무 사악한 말이었다. 그 뿐만이 아니었다. 나는 하고 싶은 게 생기면 아무렇지 않게 부모님께 말했다. 예를 들어 어릴 때 케이크를 만들어 보고 싶다고 했던 적이 있다. 그 말 한마디에 부모님은 인터넷으로 재료를 주문했고, 택배가 도착하자마자 준비를 도왔다.

그런데 막상 만들기로 한 날, 나는 귀찮고 피곤하다며 부모님께 일을 떠넘겼다. 바쁜 아침에 나 대신 케이크를 만드는 부모님을 보면서도 나는 그저 방관했다.

동생 역시 내 철없는 행동의 피해자였다. 학교에서 사소한 다툼이 있었을 때, 문제를 해결하기 위해 고생한 건 동생이었다. 나보다 더 어른스러운 동생이 나서서 해결했지만, 정작 나는 아무것도 하지 않았다. 그런 내가 형이라는 게 늘 부끄러웠다. 내가 하고 싶은 것들을 말할 때마다 가족들이 움직여야 했다. 그것이 점점 미안해졌다. 그러면서도 나는 철없이 투정을 부렸다. 그럴 때마다 스스로가 너무 싫었다. 마음속 깊은 곳에서 나 자신을 미워했다.

 스스로 벌을 주고 싶었던 순간들도 많았다. 초등학교 시절, 아무도 없는 곳에 가서 내 뺨을 때리거나, 창고에서 칼을 들고 혼자 시간을 보낸 적도 있다. 왜 그랬는지 이유는 잘 기억나지 않지만, 그 모든 행동은 나 자신을 응징하기 위한 것이었다. 그러나 시간이 지나도 그 방식이 아무것도 해결해 주지 않는다는 걸 깨달았다. 가족들에게 지은 죄책감은 쉽게 가시지 않았다. 그래서 그들의 말을 따르려 애썼다. 장래 희망이나 공부에 관한 선택도 가족이 좋다고 한 방향으로 맞추려 했다. 내 생각을 내려놓고 가족들의 기대에 나를 맞추는 것이 속죄라고 생각했다.

그렇게 나는 스스로를 점점 작게 만들었다. 나 다움이 사라지고, 가족과 남들이 원하는 모습만 남았다. 하지만 그 속에서도 가족들은 언제나 나를 도와주었다. 나는 그들이 해준 모든 것에 고마움을 느끼면서도, 한편으론 나 자신을 더 미워했다.

 나는 아직도 과거로 돌아가 철없던 말을 하기 전의 나를 붙잡고 싶다. 하지만 돌아갈 수 없는 시간은 나를 더 철저히 미워하게 했고, 그 미움이 어린 시절의 나를 가득 채웠다.

소나무에 살고 있는 송충이

"항상 나는 할 수 있다는 생각을 가져야 해."

나는 어릴 적부터 당당한 사람들을 보며 자랐다. 우리 가족들은 그 누구의 시선도 개의치 않고 살아가는 법을 몸소 보여주었다. 남들이 뭐라고 하든, 흔들리지 않고 자신만의 길을 가는 모습을 보며 자랐다. 어머니의 모습이 먼저 떠오른다. 어느 날 가족들과 마트에서 장을 보고 집으로 돌아가려던 때였다. 우리가 산 물건들을 종이박스에 담아 카트에 싣던 중, 내가 고른 캔 묶음이 터졌다.

살 때는 멀쩡했던 캔이 갑자기 터져 음료수가 줄줄 흘렀다. 나는 어쩔 줄 몰라 하며 하필 내가 그 캔을 집었는지 자책하기 시작했다. 그런데 어머니는 달랐다. 아무렇지 않게 "매장에 가서 교환하고 오면 되지."라며 발걸음을 돌렸다. 터진 캔 밑으로 음료수가 뚝뚝 떨어지고 있었고, 나는 온갖 시선을 의식하며 주눅이 들어 있었다. 그런 나와 달리 어머니는 끝까지 태연했다. 매장에서 문제없이 교환을 마치고 돌아오는 어머니를 보며 깨달았다.

"내가 아무렇지 않으면, 남들도 아무렇지 않게 여긴다."

그때 배웠던 깨달음은 내 안에 남았지만, 늘 잘 지키진 못했다. 여전히 무언가 잘못되면 자책하기에 바빴다. 아버지 역시 당당함의 상징이었다. 고된 농사일을 하실 때도, 삶의 어려움을 마주할 때도 아버지는 언제나 담담하고 강했다. 그 모습을 보며 항상 스스로에게 물었다. "나는 왜 아버지를 닮지 못했을까?" 중학교 시절의 어느 가을, 학부모와 함께하는 프로그램에 참여한 적이 있다.

도서관에서 진행되던 프로그램에서 부모님과 자녀가 서로를 어떻게 생각하는지 적어 발표하는 시간이 있었다. 부모님이 나를 표현한 단어는 "소나무"였다. 어머니는 "항상 푸르고 건강하게 살아가길 바란다"는 뜻으로 소나무를 적으셨다. 하지만 내가 스스로를 표현한 단어는 "송충이"였다. 소나무의 잎을 갉아먹으며 사는 해충인 송충이. 내가 나를 그렇게 표현한 이유는 그때도 명확했다. 나는 가족에게 짐이 되는 존재라고 느꼈기 때문이다. 소나무처럼 곧고 푸른 부모님 옆에서, 나는 그 잎을 갉아먹는 해충일 뿐이라는 죄책감이 내 안에 깊이 자리 잡고 있었다.

그날의 나는 그냥 그 자리에서 고개를 숙이고 넘어갔다. 하지만 시간이 흐를수록 그 단어는 나를 더 억누르기 시작했다. 아버지의 말처럼 "당당해야 한다"는 것을 알면서도, 나는 당당한 나비나 사슴벌레가 아니라 여전히 소나무 가지에 웅크리고 있는 송충이로 남아 있었다.

그때 내가 나를 그렇게 표현하지 않았다면 어땠을까? 나를 소나무와 함께 날아오르는 나비로, 혹은 소나무 아래를 건강히 지키는 다른 생물로 표현했더라면 어땠을까?

하지만 나는 여전히 나를 비난하고 죄책감에 사로잡혀 있었다. 소나무 가지 안에 똬리를 튼 송충이는 여전히 내 안에 살고 있었다. 그렇게 나 스스로를 가두며 살아가는 법을 배워가고 있었던 것 같다.

나를 용서할 수 있나요?

"이런 나를 죽이고 싶어."

 사람은 누구나 실수를 한다. 나도 어릴 때부터 수많은 실수를 하며 자랐다. 지금도 가끔은 실수라고 여길 만한 행동들을 한다. 내가 살면서 '실수'라고 생각한 것들을 세어보자면 아마 몇만 개는 될지도 모른다.
 내가 생각하는 실수의 기준은 생각보다 엄격하다. 어쩌면 남들에게는 대수롭지 않은 일도 나에게는 큰 잘못처럼 느껴졌다. 사소한 말 한마디, 순간의 행동까지 모두 실수로 여겨졌다.

그런 작은 실수들조차 나는 스스로를 용서하지 못했다. 어린 시절, 내가 저지른 한 가지 일이 아직도 선명하다. 우리 가족이 살던 농촌 집 옆에는 작은 닭장이 있었다. 높이 2m 남짓, 낡은 시멘트 벽돌로 지어진 그곳은 닭들의 보금자리였다. 그런데 그날 나는 친구들과 술래잡기를 하다가 닭장 지붕 위에 올라가게 되었다.

산비탈에 있던 닭장은 아이들이 뛰어넘기 쉬운 곳에 위치해 있었다. 몇몇 친구들과 나는 이미 지붕 위에 올라가 있었다. 그리고 또 한 명의 친구가 지붕 위로 올라오려 했다. 나는 아무렇지 않게 말했다.

"올라와도 돼. 괜찮을 거야."

하지만 그 친구가 올라오자마자 지붕이 주저앉았다. 다행히 닭장의 높이는 낮았고, 친구는 크게 다치지 않았다. 살짝 긁힌 정도였고, 친구는 별일 아니라며 넘어갔다. 그런데도 나는 그 일을 스스로 용납할 수 없었다.

"내가 괜찮다고 말하지 않았더라면 이런 일이 생기지 않았을 텐데..."

그 이후로 나는 내 말 한마디 한마디가 불행을 초래한다고 믿기 시작했다. 그 믿음은 내게서 많은 것을 빼앗아갔다. 말을 아끼는 것이 나와 다른 사람을 위한 최선이라 여겼다. 나는 실수에 대해 용서를 잘하지 못했다. 책을 쓰고 있는 지금도 여전히 쉽지 않다. 그런데 스스로를 용서하지 못하면, 그 대가는 너무 크다.

용서하지 않으면 나는 나 자신을 존중하지 않는다. 내 기준과 생각은 무너지고, 남들의 말만 옳아 보인다. 그렇게 시간이 흐르면 내 자리는 점점 좁아진다. 남들의 기대 속에서 살며, 내 삶은 어디에도 없는 듯 느껴진다.

그 시간들이 너무 괴로워 결국 내 기준을 되찾기 위해 발버둥 쳤다. 나는 여전히 이 과정을 헤쳐 나가는 중이다. 그래서 이 글을 쓰고 있다. 이 이야기가 누군가에게 작은 위로가 되길 바라면서, 나 자신을 조금씩 용서하려 애쓰고 있다. 그런데 과거의 나는 용서의 여지가 없는 존재라고 여겼다. 가장 많이 했던 생각이 이 말이었다.

"이런 나를 죽이고 싶다."

지금은 조금 다르다. 나의 모든 실수를 다 용서할 수는 없지만, 적어도 그 실수가 내 전부는 아니라는 것을 조금씩 이해하기 시작했다. 내가 내린 가장 큰 오판은, 그 실수들 속에 갇혀 내가 한낱 문제가 있는 사람이라고 단정 짓는 것이었다.

 그래서 이 글을 쓴다. 어쩌면 이 글이 나를 조금 더 자유롭게 해줄지도 모른다는 희망을 품으면서.

타인의 시선이 너무도 중요했던 사람

"아니, 이게 그렇게 비쌌던 옷이었어?"

중학교 시절의 어느 겨울, 어머니와 동생과 함께 옷을 사러 갔던 기억이 있다. 나는 몇만 원짜리 옷을 사는 정도일 거라고 생각했다. 그런데 어머니가 고른 옷의 가격표를 보고 깜짝 놀랐다. 동생과 내 옷 두 벌이 합쳐 거의 80만 원이었다. 며칠 전, 내가 겨울 패딩이 필요하다고 말했던 걸 어머니는 기억하고 계셨다. 오늘은 그 패딩을 사러 일부러 나온 거라는 걸 그제야 알았다.

어머니가 만든 깻잎 1박스의 가격을 정확히 알고 있던 나는, 그 옷이 얼마나 비싼 대가를 치르고 사는 것인지 바로 이해했다. 그날의 기억은 오래도록 내게 남았다. 당신들은 학교 다닐 때 무엇이 중요했는지 기억하는가?

 지금 돌이켜보면 공부를 열심히 해본 경험, 삶에서 하고 싶은 것을 찾아가는 시간, 다양한 도전이 훨씬 더 중요하다는 생각이 든다.

 하지만 당시의 나는 그런 것보다 훨씬 더 중요한 게 있었다. 바로 '남들에게 어떻게 보이느냐'였다. 고가의 등산복 패딩, 특정브랜드의 교복처럼 남들이 알아봐 줄 만한 물건들. 겉으로 보이는 것들에 나는 민감했다.

 겉모습보다 중요한 건 사람 됨됨이라는 걸 그 나이엔 몰랐다. 나를 더욱 '보여지는 것'에 집착하게 만든 사건이 있었다. 겨울이었다. 중학교를 다니며 영어 학원을 다녔을 때였다. 요즘 학생들은 자기 옷을 스스로 사는 경우가 많지만, 당시 나는 부모님이 사 주시는 옷을 입고 다녔다. 브랜드도 알 수 없는 평범한 패딩이었다. 그 옷에 별다른 불만이 없었다. 옷이 따뜻하면 그만이라고 생각했다.

그런데 어느 날 학원 수업 도중 이상한 일이 생겼다. 내 뒤에 앉은 학생들이 자꾸 낄낄대며 웃는 소리가 들렸다. 강의에 집중하려 했지만, 내 패딩 모자 뒤로 무언가 계속 날아드는 느낌이 났다. 나중에 화장실에 가서 확인해 보니, 뭉쳐진 지우개 가루가 모자 안에 가득 들어 있었다. 그 학생들과 나는 전혀 친하지 않았다. 오히려 서로 잘 알지도 못했다. 그래서 더 이해할 수 없었다. "내가 못 사는 것처럼 보여서 이런 일을 당한 걸까?"

그 일이 있은 후로, 나는 '겉으로 보이는 것'에 더욱 집착하게 되었다. 보이지 않는 시선까지도 의식하며 남들에게 더 잘 보이려 했다. 대학교에 들어가고 나서도 그 고집은 멈추지 않았다. 오히려 더 심해졌다면 모를까.

좋은 옷을 사 입고, 남들에게 잘 보이기 위해 스스로를 더 힘들게 했다. 부모님과 동생에게도 괜한 고집을 부렸고, 그들이 내 고집을 들어줄 때마다 미안함과 죄책감이 뒤따랐다. 하지만 그런 미안함도 날 멈추게 하진 못했다. 남들의 시선에 얽매여 사는 동안, 나는 스스로를 더 미워했다.

타인의 시선이라는 감옥 속에 갇혀 살아가며, 그 감옥이 나만 아닌 내 소중한 사람들까지 힘들게 한다는 걸 알면서도 멈추지 못했다. 그때는 몰랐다. 나를 가두고 있는 감옥의 열쇠가 내 손안에 있다는 걸.

정말 힘들어야 했을까?

"너 운동 열심히 하는구나?"

어릴 적 나는 운동을 좋아했다. 논과 밭이 가득한 곳에서 자라며 할 수 있는 건 손에 꼽았다. 친구들과 축구를 하거나 자전거를 타고 돌아다니며 뛰노는 게 전부였다. 단순히 뛰는 게 좋았고, 제법 잘했다. 주변에서 내가 잘 달린다는 말을 듣고, 자연스럽게 자신감도 생겼다. 그런데 시간이 지나며 운동은 더 이상 순수한 즐거움이 아니었다. 운동은 내가 남들에게 잘 보이기 위한 도구로 변했다.

누군가가 나의 운동을 평가하고, 그 평가에 따라 기분이 좌우되는 걸 느꼈다. 그래서 나는 더 열심히 운동하기 시작했다. 이유는 단 하나였다.
"다른 사람들에게 잘 보이고 싶어서."

보디빌딩처럼 타인의 시선에서 평가받는 운동도 있다. 그러나 본질은 스스로를 위해 해야 하는 것이다. 그런 점에서 나는 실패했다. 나만의 목표나 목적 없이, 타인의 긍정적인 시선을 받기 위해서만 움직였다. 내 운동의 절정은 바디 프로필을 준비하던 시기였다. 바디 프로필은 단련한 몸을 사진으로 남기는 것이다. 해외에서는 운동 전문가들이 자신의 결과를 기록하는 데 집중하지만, 한국에서는 외적인 과시의 의미가 더 컸다. 나 역시 후자였다.

닭가슴살, 쌀밥, 야채만 먹으며 살았다. 고강도의 운동은 매일 2시간씩 거르지 않았다. 그 와중에도 친구나 지인들과의 술자리는 빠지지 않으려 했다. 술자리에서는 안주를 한 입도 먹지 않고 술이나 물만 마셨다.

사람들은 그런 나를 보고 "대단하다"며 신기해했지만, 내 속은 이미 뒤집어져 있었다. 바디 프로필 촬영을 위해 태닝 숍도 매주 다녔다. 식단에 질려 폭식을 하면 자책으로 하루를 채웠다. 스스로를 몰아붙이며 준비했지만, 촬영 10일 전에 거울 앞에서 멈췄다. 아무리 봐도 내가 원하는 모습이 아니었다. 그렇게 바디 프로필을 포기했다. 운동은 멈추지 않았다. 타인의 시선을 의식한 운동은 대학 생활 내내 이어졌다. 그러다 결국 몸이 경고를 보내기 시작했다.

어느 겨울이었다. 친한 형과 운동 후 샤워실에서 탕에 몸을 담갔다. 따뜻한 물 속에서 몇 분 웃으며 대화를 나누고, 탕에서 나온 순간 갑자기 눈앞이 깜깜해졌다. 정신을 차렸을 땐 바닥에 누워 있었고, 형이 놀란 얼굴로 날 흔들고 있었다. 단 몇 분 동안 경련을 일으키며 쓰러졌다고 했다. 원인은 명확했다. 식욕을 잃은 채 평소 먹던 양의 1/10만 섭취하면서도 고강도의 운동을 멈추지 않은 결과였다. 몸은 이미 한계에 도달해 있었지만, 나는 여전히 타인의 시선을 의식하며 자신을 몰아붙였다.

운동을 통해 건강해지려 했던 목표는 이미 오래전에 잊혔다. 닭가슴살, 쌀밥, 야채로 이어진 퍽퍽한 삶을 살 이유가 없었지만, 나는 계속해서 이어갔다. 힘들어하는 나를 외면했고, 남의 시선에만 집착했다.

결국 나는 깨달았다.

"정말 힘들어야 했던 건 나 자신이 아니라, 내가 붙잡고 있었던 타인의 시선이었다." 운동이 나에게 주는 진짜 의미는 그날 이후로 다시 생각하기 시작했다. 그리고 나는 조금씩, 나만의 시선을 신경 쓰는 방법을 배워가고 있다

수동적인 인생

"엄마, 아빠, 동생이 좋다면 나도 좋아요"

내 삶은 항상 남들의 기준으로 움직였다. 내 감정이 아닌, 타인의 의견이 내 선택을 대신했다. 이 삶이 얼마나 답답한지 알면서도, 그 틀에서 벗어날 방법을 몰랐다. 아니, 사실은 벗어나려는 시도조차 하지 못했다. 두려웠다. 내가 내린 선택으로 누군가가 실망하거나 상처받는 모습을 보는 것이.

"내가 원하는 게 뭘까?"

이 질문은 늘 머릿속에 맴돌았지만, 답을 찾는 대신 묻어두기만 했다. 내가 원하는 건 중요하지 않았다. 가족이 원하는 대로, 친구들이 좋아하는 대로, 사회가 정해 놓은 방향대로 살아가는 것이 옳다고 믿으려 했다. 내가 나 자신을 위한 선택을 하지 못한 건 어린 시절부터였다. 공부가 대표적이었다. 왜 공부를 해야 하는지 제대로 들어본 적은 없었다. 그저 "해야만 한다"는 말뿐이었다. 이유를 묻는 건 나약한 태도로 간주되었다. 싫어도 참고, 힘들어도 해내는 것이 올바른 삶이라 여겨졌다.

하지만 그 삶이 올바르기만 했을까? 하기 싫은 숙제를 억지로 하다 답지를 몰래 베껴 쓴 날들, 시험지 앞에서 머리가 하얘지는 경험, 그리고 결국 책이 날아오고 효자손으로 종아리를 맞는 일이 반복되었다. 내 다리가 퉁퉁 부어도, 집에 들어오고 싶지 않을 만큼 마음이 괴로워도, 원망은 나 자신을 향했다.

"나는 쓸모없는 사람이다."

이 말이 스스로를 미워하던 날들의 결론이었다. 가족의 기대에 미치지 못한 나는 열등감과 무력감 속에서 남들이 하라는 대로만 살아갔다.

부모님이 "좋다"고 말하면 따라갔고, 친구들이 "괜찮다"고 하면 그 길을 선택했다. 그런데도 마음이 편하지 않았다. 내가 진정 원하는 건 무엇일까? 아무리 고민해도 답이 떠오르지 않았다. 내 생각은 항상 남들의 시선에 가로막혔다. 그렇게 수동적으로 살던 나는 스무 살이 되어서도 달라지지 않았다.

대학에 들어갔지만, 그저 시험과 학점을 위해 살아가는 데 그쳤다. 사회에 나가기 위한 준비라는 핑계로 내가 정말 하고 싶은 일들을 하나씩 뒤로 미뤘다. 타인의 기대를 충족시키는 삶은 꽤 괜찮아 보였다. 하지만 매일 밤, 내가 정말 이대로 살아도 되는 건지, 이 선택이 내 것인지 묻고 또 물었다. 답은 매번 같았다. "나는 내가 아니다." 내 안에 감정이 소리쳤다. "너는 왜 네 삶을 살지 못하니?"

그 질문이 날 흔들어 놓았다. 타인의 의견에 따라 움직이던 내 발걸음이 점차 무거워졌다. 나는 점점 무기력해졌고, 가끔은 도망치고 싶을 만큼 이 삶이 싫었다. 하지만 벗어나기엔 용기가 없었다.

"내가 선택하면 잘못될 거야."

내 안에 새겨진 두려움은 그렇게 단단히 나를 붙들었다. 내가 잘못된 길을 선택해 실패하면, 내가 무책임한 사람으로 보이면, 결국 내 모든 책임을 나 혼자 짊어지게 되면 어떡하지? 그렇게 난 내 삶을 살지 못한 채, 여전히 남들이 정해준 길을 걷고 있다. 어쩌면 이 글을 쓰는 지금도 마찬가지일지 모른다. 하지만 이런 생각만은 남겨 두고 싶다.

"이대로는 안 된다고."

수동적인 삶은 나를 갉아먹고, 내가 얼마나 무너졌는지조차 모르게 만든다. 나 다운 선택, 내 감정을 존중하는 삶을 살기 위해 무엇을 해야 하는지 아직은 모르지만, 적어도 내가 원하는 걸 찾으려는 노력을 해야 한다는 것은 안다. 벗어나고 싶다. 남들 대신 나를 위해 살고 싶다. 이 글이 그런 의지의 작은 시작이었으면 한다.

지금 내 머릿속에 터지는 건 폭죽일까 폭탄일까?

"저는 이렇게 살아왔어요."

내가 살면서 진짜 전율을 느꼈던 순간은 몇 안 된다. 그래서 그런 기억들은 내게 유난히 오래 남아 있다. 공통점이 있다면, 그것은 대개 누군가 자신의 삶을 이야기해 줄 때였다. 특히 자신의 삶을 진솔하게, 신나게 풀어내는 모습을 볼 때면 전기가 척추를 타고 흐르는 듯한 전율이 느껴졌다. 이런 순간들이 나를 얼마나 황홀하게 만드는지 설명할 순 없지만, 그만큼 그런 순간을 좋아했다는 것으로 이해해 주었으면 한다.

나는 그런 전율을 어떻게든 내 삶에 담고 싶었다. 그런 순간을 자주 만날 수 있는 일을 하며 살고 싶었다. 하지만 내 꿈은 그런 것과는 거리가 멀었다. 당시 나는 공무원이란 직업 외에는 다른 가능성을 떠올리지 못하고 있었다. 대학교를 졸업하면 공무원을 준비하고, 결국 공무원이 되겠지 하는 생각뿐이었다. 그런데 문제는, 나는 공무원이 되고 싶지 않았다. 그 길에 대한 호감은 처음부터 없었다. 내가 진짜 좋아하는 일이 무엇인지 생각하면, 자연스레 전율을 느꼈던 순간들이 떠올랐다.

"그 순간들을 일로 삼으며 살 수는 없을까?"

하지만 이런 생각들은 금세 사라졌다. 이런 상상들은 그저 공무원의 길로 가는 나를 방해하는 폭탄처럼 여겨졌다. 내 생각은 옳지 못하다고 여기며, 모든 전율을 억눌렀다. 하지만 마음 한편으로는 믿고 있었다.
"그 전율들은 내 삶을 다채롭게 만들어 주는 폭죽이었을지도 몰라." 내 안에서 폭죽인지 폭탄인지 알 수 없는 생각들이 계속 터졌다. 공무원을 준비하며 그런 생각들을 애써 무시했지만, 내내 회의감에 시달렸다.

공무원이 나쁘다는 이야기를 하려는 게 아니다. 내 친구들 중에는 공무원이 되어 만족하며 사는 사람들이 많다. 다만 그 친구들과 나의 차이는 단 하나였다. 공무원이 되는 것을 진심으로 바랐는가, 아닌가.

내 친구들은 공무원이 되는 데 진심이었다. 어떤 친구는 대학교가 공무원 준비에 방해된다고 생각해 자퇴했다. 그 결단력은 지금도 기억에 남는다. 나는 그런 선택을 감히 상상조차 할 수 없었다. 그 친구는 내가 대학교 졸업을 앞둔 시기에 이미 공무원이 되어 있었다. 또 다른 친구는 조용히 준비를 이어가며 내가 졸업할 때쯤 공무원이 되었다. 그 친구들이 원했던 목표를 이룬 것에 진심으로 축하를 전했다. 하지만 한편으론 그들의 모습이 나를 부끄럽게 만들었다. 나는 그저 고민만 하며 쓸데없이 시간을 흘려보낸 사람처럼 느껴졌다. 그 친구들의 얼굴을 보는 일이 점점 불편해졌다.

"내가 나답게 살고 싶어 한다는 이 긴 방황이 쓸모없다는 걸 증명하는 것 같아."

그렇게 나는 이도 저도 아닌 채로 아침을 마주했다. 그 아침들은 매번 쓰라렸다. 내 안에서 터지는 것이 폭죽인지, 폭탄인지조차 알지 못한 채, 나는 나답게 살고 싶다는 소망과 남들이 정해준 길 사이에서 여전히 방황하고 있었다.

내가 예민한 걸까요?

"그냥 툭툭 털어버리면 되지, 뭘 그러고 있어?"

나는 툭툭 털어버리는 걸 잘 못한다. 누군가 무심코 던진 말도 내 안에 오래 남는다. 그건 어릴 때부터 지금까지 버려지지 않은 나쁜 습관이다. 내 삶을 힘들게 만든 못된 습관이다. 나는 이런 습관을 버리지 못하는 나를 증오한다. 그 습관 때문에 남들의 시선과 반응에 더 예민하게 반응했다. 아무도 아무 말도 하지 않아도 주변이 신경 쓰였다.

내 행동이 혹여 다른 사람들에게 소음이 되지 않을까, 안 좋은 인상을 주진 않을까 항상 고민했다. 초라한 옷차림으로 밖에 나서면 모든 사람이 나를 쳐다보는 것 같았다. 카페에서 노트북을 사용할 때마다 타자 소리가 너무 크지 않을까 신경 썼다. 말 한마디를 하기 위해 속으로 몇 번이고 검토했다. 어쩌면 이런 고민은 말도 안 되는 것처럼 보일 수 있다. 하지만 이건 내 삶을 가로막는 거대한 장애물이었다.

부모님이 좋은 의미로 한 말도, 화가 나서 한 말도 나는 모두 곱씹었다. 대부분 긍정적인 말보다는 부정적인 말을 더 오래 붙잡고 있었다. 좋은 말을 곱씹었다면, 지금보다 더 긍정적이고 자신감 있는 사람이 되었을지도 모른다. 하지만 나는 부정적인 말에만 귀를 기울였다.

어릴 적 기억 중 과외를 받았던 한 장면이 떠오른다. 나는 코가 좋지 않았다. 비염과 알레르기가 심했고, 코피도 자주 났다. 그날따라 문제가 잘 풀리지 않아 겨우 몇 문제만 풀었을 때, 과외 선생님이 나를 데려다주며 말했다.

"훌쩍거리면서 문제 풀고 간다고 애쓰셨네요~"

장난이었을까, 아니면 짜증이었을까. 나는 그 말을 장난으로 받아들일 수 없었다. 그 말은 마치 "그 시간 동안 도대체 뭘 한 거냐"고 묻는 것 같았다. 집에 도착한 나는 이불을 뒤집어쓰고 몰래 울었다. 그 이후로 선생님께 질문을 하기가 겁이 났다.

학원에 다니던 시절도 비슷했다. 나는 질문이란 걸 거의 하지 않았다. 강의를 열심히 듣긴 했지만, 질문은커녕 모르는 문제를 혼자 끙끙댔다. 질문은 어쩌면 당연한 행동이었을 텐데, 나에겐 너무도 어려운 일이었다. 어느 날, 학원 선생님이 참다못해 말했다.

"넌 학원에 와서 항상 묻지도 않고 혼자 문제만 풀고 가더라."
"매일 못해도 세 문제는 꼭 물어봐. 아니면 집에 안 보내줄 거야."

그 말을 듣고 나쁜 기분은 들지 않았다. 오히려 "오죽하면 저런 말을 하실까" 싶었다. 누군가 내게 신경 써준다는 사실이 고마웠다.

그 이후로 조금씩 질문을 하기 시작했다. 공부 진도도 나가기 시작했다. 하지만 질문을 하는 것이 여전히 어렵게 느껴졌다. 나는 스스로를 말도 제대로 못 하는 아이로 단정했다. 그 생각을 멈출 수 없었다. 결국 내가 하고 싶은 말은 이렇다. 누군가가 무심코 던진 말이든, 좋은 의도로 한 말이든, 나는 그 모든 말을 곱씹었다.

사람은 부정적인 말에 더 귀를 기울이는 경향이 있기에, 나도 긍정적인 말보다는 부정적인 말에 더 신경 썼다. 그런 말들은 나를 갉아먹었다. 내 마음의 여유를 없애고, 내 안의 자율성을 잃게 했다. 중요한 선택의 순간에 급하게 결정을 내리게 만들었다.

나는 잘못된 습관을 문제 삼기보다, 내게 왜 이런 일이 생기는지 원망했다. 그런 부정적인 생각을 몇 번이고 되뇌며, 스스로를 점점 더 구석으로 몰아넣었다.

좀 멈췄다 갔으면

"준비 잘하고 있지?"

수동적인 삶을 살았던 나는 스스로 세운 계획에 의미를 두지 않았다. 그저 남들이 하라는 대로 따라가며 사는 것이 옳다고 믿었다. 모두가 공부하라기에 공부했고, 대학을 가라기에 대학에 갔다. 빨리 졸업하는 게 좋다기에 서둘러 졸업했고, 취업이 해결책이라고 해서 취업을 했다. 하지만 그런 삶에는 내가 없었다. 남들이 만들어 준 내가 있을 뿐이었다. 그런 내게 떠오르는 단어는 단 하나였다.

"답답하다."

대학 시절, 본가로 내려갈 때마다 나는 더 답답해졌다. 집에만 가면 듣는 말들이 있었다.

"공무원 준비는 잘하고 있니?"

이 질문이 쌓이고 쌓여 나를 점점 더 옥죄었다. 답답함은 가족들과의 말다툼으로 이어졌다. 군대를 다녀온 후 복학한 뒤에도 본가에 갈 때마다 가족들과의 갈등은 반복되었다. 말다툼으로 찜찜해진 마음을 안고 다시 자취방으로 돌아가는 날이 많았다. 비가 억수같이 쏟아지던 어느 날, 나는 또다시 같은 질문을 받았다. 말다툼은 예상보다 길어졌고, 화가 난 나는 우산도 없이 밖으로 뛰쳐나갔다. 도저히 어떻게 해야 할지 모르겠는 마음에 길가의 벤치에 앉아 비를 맞고 있었다.

결국 집으로 돌아가긴 했지만, 그날의 기억은 아직도 선명하다. 가족들은 내가 없어진 줄 알고 얼마나 많은 전화를 걸었는지 셀 수 없었다. 부모님은 동생을 나무라며 화를 내셨다고 했다. 하지만 그런 가족들의 걱정조차 나에겐 죄책감으로 다가왔다.

"역시 나는 벌받아야 마땅한 사람이구나."

그렇게 답답했다면 그냥 멈춰 섰으면 좋았을 텐데, 나는 그러지 못했다. 잠시라도 멈춰서 꼬여버린 나를 정리할 시간이 필요했지만, 멈출 용기가 없었다. 내가 멈추는 동안 다른 사람들은 졸업을 하고, 취업 준비를 하고, 좋은 직장에 다니며 잘 살고 있을 것만 같았다.

"내가 나 답게 살고 싶다고 말한다면, 가족과 주변 사람들은 어떻게 반응할까?"

그들의 대답과 표정이 두려웠다. 그래서 오히려 스스로를 더 몰아붙였다. 남들이 옳다고 하는 대로 살았다. 멈춰야 할 순간에도 나를 떠밀었다. 브레이크를 밟을 여유는 없었다. 나는 빨리 졸업하고, 빨리 취업하면 모든 것이 다 잘 풀릴 줄 알았다. 그리고 직장인이 되었다. 하지만 나는 여전히 답답했다. 비를 맞으며 소리를 지르던 그날의 마음은 지금도 그대로다. 달라진 건 아무것도 없었다. 멈추고 싶었다. 그런데 내 뒤에 차가 따라오는 것만 같다. "멈추면 부딪힐지 몰라." 그렇게 나는 달리고 또 달렸다. 멈추지 못한 채로.

삶이 왜 붕 뜬 것 같지?

"알아서 잘하고 있어요."

 남의 말만 들으며 살았지만, 어쩌다 보니 대학에 들어갔다. 군대도 다녀왔고, 바로 졸업도 했다. 내 전공과 관련된 일자리를 얻을 기회도 생겼다. 겉으로 보기엔 사회에서 자리를 잘 잡아가고 있는 것처럼 보였다. 그런데 내 머릿속에는 이 생각이 떠나질 않았다.
 "왜 삶이 붕 뜬 것 같지?"
 뭘 해도, 뭘 이뤄도 실감이 나지 않았다. 그런 마음을 달래기 위해 정말 많은 걸 해봤다.

쉬는 날이면 공허한 감정을 없애 보려고 무언가를 찾아다녔다. 대학교 다닐 때는 날을 잡아야만 갈 수 있었던 바다도, 한밤중 친구들과 산길을 올라 별을 보던 천문대도, 이제는 시간이 되면 언제든지 갈 수 있었다. 그때의 감동이 내 삶을 다시 끌어내릴 수 있을까 싶었다. 학교 주변을 혼자 돌아다녀 보기도 했다. 과거를 되감으며 떠올린 추억들이 내 마음을 다독여줄 거라 기대했다. 하지만 결과는 늘 같았다. 공허함만 남았다.

맛있는 음식을 먹어도, 좋아하는 유튜브를 봐도, 책을 읽어도, 운동을 해도, 가족과 시간을 보내도 다 똑같았다. 어떤 것도 내 삶을 붙잡아주지 못했다. 나는 분명 다른 사람들이 권하는 대로 살았다. 그렇게 하기 위해 준비했고, 차근차근 단계를 밟아왔다. 그런데 그 결과는 어땠나? 삶은 여전히 만족스럽지 않았다.

"나는 존재하기는 하는 걸까?"

나는 내가 아닌 다른 사람들의 모습에만 눈길을 주었다. 그들과 나를 비교하며 열등감에 빠졌다. "내 삶은 왜 더 좋아지지 않을까?" "왜 나는 이렇게 답답할까?" 불평은 쉬지 않고 쏟아냈지만, 정작 그 답답함을 바꾸기 위해 아무것도 하지 않았다.

그제야 깨달았다.

"나는 남들의 말에 휘둘리는 삶에 너무 익숙해져 버렸구나." 내가 하는 말은 모두 쓸모없게 느껴졌다. 내가 무엇을 떠올려도, 남들의 조언 몇 마디에 내 아이디어와 열정은 금세 사라졌다. 그러면서 속으로 계속 반복했다.

"역시 내가 그렇지."
"내 생각은 쓸모가 없어."
"내가 뭘 하겠어."

반짝이는 아이디어가 떠올라도, 나 답게 살고 싶다는 욕망이 불쑥 올라와도, 그것들은 금세 눈 녹듯 사라졌다. 그런 순간이 끊임없이 반복되었다. 숨 쉬는 것조차 내가 제대로 하고 있는 건지 의심스러웠다. 눈을 뜨면 어김없이 지긋지긋한 삶이 반복되었다. 그렇게 아름다운 색으로 가득했던 세상은 점점 나를 향해 회색빛만 보여주기 시작했다.

진짜 내 의견은 어디에도 없던 삶

"우리 애는 야채 좋아해!"

어릴 적, 어머니가 다른 학부모님들 앞에서 이 말을 자신 있게 외치셨던 순간이 아직도 생생하다.

다른 부모님들이 자녀가 야채를 먹지 않는다며 푸념할 때마다 어머니는 환한 미소로 이렇게 말씀하셨다. 나는 야채를 먹긴 한다. 좋아한다고 할 수도 있다. 하지만 사실 그렇게까지 좋아하지는 않는다. 부모님은 야채가 풍성한 식탁을 건강의 상징으로 여기는 듯했다.

하지만 나는 야채뿐만 아니라 탄수화물, 단백질, 지방의 균형이 중요하다고 생각했다. 그런데도 나는 그런 말을 부모님 앞에서 하지 못했다. 나라는 사람은 항상 야채를 좋아하는 모습이어야 한다고 생각했다. 식탁에 오른 야채를 남기지 않고 먹으려 애썼다. 이런 사소한 거짓말이 반복될수록 스스로에게 거짓말을 하는 듯한 불편함은 커져만 갔다. 불편함이 나를 몇 번이고 두드렸지만, 애써 무시했다. 내 의견을 내는 게 좋다는 사실을 알게 된 건 대학교 시절이었다. 우연히 시작하게 된 공모전 덕분이었다. 본선까지 올라가면서 다양한 사람들과 경쟁했고, 그 과정에서 나의 부족함도 깨달았다.

시제품을 만들고 밤늦게까지 팀원들과 고민을 나누며 치열하게 보냈던 순간들이 지금도 생생하다. 그때 나는 팀장을 맡고 있었다. 살면서 그렇게 내 목소리를 내본 적은 처음이었다. 팀장 역할이 나를 그렇게 만들었는지도 모른다. 분명했던 건, 나는 내 의견을 내며 사람들과 함께 고민하고 이끌어가는 삶을 좋아한다는 것이다.

그때 느꼈다.

"나중에 직업을 가지게 되더라도 이런 삶을 살면 좋겠다."

하지만 지금 나는 정반대의 길을 걷고 있다. 안정적인 직업의 대명사인 공무원이 되기 위해 노력하고 있다. 내가 좋아하는 삶과는 다른 길을 선택한 것이다. 물론 이제는 안다. 공무원이란 직업도 고충이 많고, 아이디어와 진취적인 태도를 요구받는 순간들이 많다는 걸.

그 때의 나는 공무원을 무조건 안정적이고 보수적인 직업으로만 여겼다. 적극적인 자세를 필요로 하지 않는 자리라고 믿었다. 나는 원하지 않는 길을 스스로 선택하고, 준비했다. 그 시절은 지금도 나에게 안 좋은 기억으로 남아 있다. 세상이 안정적인 직업을 얻는 것이 얼마나 어려운 일인지, 안정적인 삶이 얼마나 힘든지 잘 알고 있다.

그럼에도 나는 세상의 바람에 휘둘리지 않고, 내가 원하는 방향으로 걸어가고 싶었다. 공모전에서 느꼈던 두근거림은 지금도 가슴 한편에 남아 있다. 하지만 그 시절의 두근거림과 내 진심이 가득 담긴 목소리는 여전히 무시당하고 있다. 나는 지금도 진짜 내 의견에 귀를 닫은 채 살아가고 있다.

도대체 나에 대해 아는 게 뭐지?

"나를 가장 잘 아는 건 나 자신이에요."

정작 나를 가장 모르는 건 바로 나였다. 오히려 다른 사람들이 무심코 던진 말들이 나를 더 정확히 설명하는 것처럼 느껴졌다.
"넌 이걸 좋아하는 것 같아."
"이게 너와 잘 어울릴 것 같아."
이런 말을 들으면 자연스럽게 반발심이 일었다.
"당신이 날 얼마나 안다고 그런 말을 해?"
그 반발심은 서서히 내 마음에 금을 냈다.

처음에는 그런 말들이 내 마음에 상처를 남기는 것이 불편했다. 나도 반박하며 내 생각을 말하려 애썼다. 하지만 시간이 지나면서 상황은 달라졌다. 그런 말들에 반발하는 내가 이상하게 느껴졌다. "다른 사람들이 맞는 걸지도 몰라" 하는 생각이 스며들었다. 그들이 한 말들은 점점 내 안에 깊게 박혔다. 그리고 나는 더 이상 그 말들을 뽑아내려 하지 않았다. 그렇게 내 주관은 점차 자리를 잃어갔다. 타인의 말에 귀 기울이는 게 습관이 되어버린 사람들은 나처럼 혼란을 느낀다. 그들에게 세상의 소음이 사라지면 자유가 찾아온다기보다 공허함이 찾아온다.

그 적막 속에서 자신에 대해 생각할 수 있는 여백이 생기지만, 그 여백을 채울 준비가 되어 있지 않다. 타인의 말로만 자신을 채워온 나는 그 소음이 사라지면 텅 빈 사람이 되어버렸다. 그 공허함 속에서 나는 생각했다.

"나에 대해 아는 게 도대체 뭐지?"
"왜 내 마음인데 내가 모르는 거지?"
"이걸 어쩌라는 거야?"

그런 생각들은 나를 점점 더 괴롭게 했다. 나는 남의 말에 휘둘려 사는 게 지긋지긋했다. 하지만 그 습관에서 벗어나려고 할 때마다 혼란과 불안이 나를 덮쳤다. 내 마음의 소리와 타인의 목소리를 분간할 줄 아는 힘은 이미 사라진 지 오래였다. 사소한 것에서부터 그랬다. 내가 좋아하는 음식에 대해 자신 있게 말할 수 없었다. 더 큰 선택에서도 마찬가지였다. 삶의 터닝포인트가 될 중요한 순간마다 내 목소리 대신 타인의 말을 우선으로 들었다. 그 말들이 내 말인 것처럼 느껴졌고, 내가 선택한 것처럼 속였다.

그러나 내 본심과는 너무도 다른 선택이었다는 걸 알면서도 나는 그것을 계속 반복했다. 그렇게 나도 모르는 내가 점점 더 커져갔다. 나는 나를 찾기 위해 적지 않은 시도를 했다. 내가 어떤 사람인지 알아내고 싶었다. 발견한 것이 있으면 사람들에게 신나서 말하기도 했다. 하지만 돌아오는 대답은 늘 비슷했다.

"그건 너 답지 않아."

무엇을 해도 내가 아닌 것 같았다. 남들이 만들어 놓은 나를 허물기엔 이미 너무 늦었다고 느꼈다. 하지만 그럼에도 바꿔야 했다.

내가 남들이 만든 나로 살아온 만큼, 아니 그보다 더 긴 시간을 견뎌야 할 수도 있었다.

그 과정에서 고통과 불편이 따를 것을 알았다.

하지만 그 시도는 너무나 힘들었다. 나는 계속해서 실패했고, 그 실패 속에서 나는 지쳐갔다.

그러는 사이, 다른 사람들이 만들어 놓은 나는 점점 더 커져갔다. 내가 진짜 나를 찾으려 애쓰는 동안에도 그 모습은 내 안에서 자라나고 있었다.

나 답게 살고 싶은데 어떻게 안 될까?

 시간이 흐를수록 나 답게 살고 싶다는 마음은 점점 더 커져만 갔다. 하지만 그 마음과 현실 사이의 괴리는 나를 더욱 무겁게 짓눌렀다.
 "제발 남들이 말하는 삶에서 벗어나고 싶다."

 그런데 나 다운 삶을 살려면 무엇을 해야 하는지조차 알 수 없었다. "나 다운 것"이라는 말은 내게 평생 오지 않을 신기루처럼 느껴졌다. 유튜브, SNS, 책, 강연 등 손에 잡히는 모든 매체를 뒤졌다. "나 다운 삶"을 살고 있다고 당당히 말하는 사람들을 보았다. 그들은 내 눈에 태양보다 더 빛나 보였다.

따뜻하고 밝은 에너지를 풍기는 그들의 삶은 내 것과는 전혀 다른 세상 같았다.

"나는 저기에 절대 도달할 수 없겠지."

그런 생각이 나를 더 초라하게 했다. 그런데도 포기할 수 없었다. 실패가 거듭되어도 나는 다시 마음을 다잡았다. 읽은 책과 강연 내용을 정리하며 내 삶에 적용해 보려 애썼다. 그 과정에서 깨달은 것은 하나였다.

"나 다운 삶은 어울리지 않아."

결국 나는 내가 싫어하던 삶으로 돌아가기를 몇 번이고 반복했다. 그럼에도 불씨는 꺼지지 않았다. 나 답게 살고 싶다는 열망은 계속해서 나를 밀어붙였다. 어느 날, 유튜브에서 "나 다운 삶"을 고민하는 많은 사람들을 발견했다. 그중에는 스스로 제작한 워크북을 무료로 제공하는 사람도 있었다. 이번에는 진짜 나를 도와줄 뭔가를 찾았다고 생각했다. 워크북의 질문들은 나를 깊이 들여다보게 했다. 하지만 문제는 나 자신이었다. "이 간단한 질문들조차 답할 수 없다니." 워크북이 문제가 아니었다. 문제는 나였다.

나는 스스로를 의심하며 타인의 의견으로만 나를 채워왔다. 그 결과, 나란 사람에 대해 아무것도 모르는 상태로 이 질문들 앞에 섰다. 어떤 대답을 하더라도 그것이 진정한 내 답변이라고 느껴지지 않았다. 워크북을 통해 나를 찾으려던 시도는 실패로 끝났다. 하지만 그 경험들은 분명 의미가 있었다. 나 자신을 깊이 들여다볼 기회를 제공했고, "나 다운 삶"을 치열하게 고민했던 사람들의 흔적을 엿볼 수 있었다.

그런 사람들은 처음부터 빛나는 존재가 아니었다. 그들도 한때는 남들의 말에 휘둘리며 살았다. 하지만 그들은 자신에게 "나 다운 삶"이 없다는 걸 깨닫는 순간을 놓치지 않았다. 그들은 끈질기게 자신만의 답을 찾아갔다. 나는 그들의 이야기가 위대하게 느껴졌다. 하지만 동시에 내 안에서 반론이 제기되었다.

"넌 그들처럼 될 수 없어."

그동안 나 다운 삶을 찾으려 애썼지만, 실패만이 뒤따랐다. 나는 다시금 의기소침해졌다. "어차피 남들처럼 살아가는 게 당연한 거 아니야?" 나 다운 삶을 꿈꾸며 들었던 말들, 읽었던 책들, 들었던 강연들 모두가 공허하게 느껴졌다.

나는 끊임없이 주저앉았다. 그럼에도 불구하고, 나 답게 살고 싶다는 마음만큼은 절대 사라지지 않았다. 그 불씨 하나만은 꺼지지 않고 남아 있었다.

생각이 행동을 지배할 때

"오늘은 글렀어. 내일부터 시작하지 뭐…"

이런 생각을 한 번도 해본 적이 없는 사람이라면, 이 글을 읽고 있을 리 없다. 나 역시 이 말 한마디 때문에 숱한 실패를 경험해온 사람이다. 아마도 이 문장이 얼마나 위험한지 알지 못한 채로 살아온 사람들이 많을 것이다.

지금 자신의 삶에 만족하고 있다면, 이 말을 귓등으로 흘려들어도 상관없다. 하지만 현재의 삶에 불만이 많거나, 무언가를 바꾸고 싶어 하는 사람들에게는 이 말이 치명적일 수 있다. 나에게도 그랬다.

"내일부터 시작하지 뭐."

이 한마디가 내 머릿속을 지배한 결과, 나는 무언가를 바꾸는 데 27년이란 시간을 허비했다. 수많은 다짐은 실패로 끝났고, 과거의 굴레에서 벗어나지 못했다. 새로운 사람이 되려면 행동부터 새롭게 바꿔야 한다. 생각을 바꿔야 하고, 행동도 따라 바꿔야 한다. 그래야 과거의 습관에서 조금씩 벗어날 수 있다. 하지만 사람은 하루아침에 바뀌기 어렵다. 행동하지 않으면 과거의 뿌리는 점점 더 깊게 박힌다. 미루다 보면 결국 아무것도 하지 않게 된다.

운동, 공부, 독서, 글쓰기 등 무엇이든지 간에 "내일부터 시작하지 뭐"라는 생각이 끼어들면 이뤄지는 일은 없다. 나는 이런 패턴을 수없이 반복했다. 운동을 하겠다고 다짐했지만, '내일부터'라는 생각과 싸워야 했다. 많은 날들이 그 생각에 졌다. 운동을 하지 못한 날보다 더 괴로운 것은 그 생각과 싸우는 과정에서 이미 지쳐버렸다는 사실이었다. 처음 운동을 시작할 때는 분명한 이유와 목표가 있었다. 나약한 체구에서 벗어나고 싶었다.

그런데도 "내일부터"라는 생각이 떠오르면 머릿속에서 치열한 싸움을 벌여야 했다.

"왜 지금이 아니고 내일이어야 하지?"

결국 운동을 해낸 날도 많았지만, 그렇지 못한 날이 더 많았다. 그렇게 반복하다 보니 몸과 마음이 모두 지치기 시작했다. 시간이 갈수록 과거의 내가 우위를 점했다. 새로운 나를 만들겠다는 의지는 점점 힘을 잃어갔다. 새로운 습관을 만들기 위한 시도는 점점 실패로 돌아갔고, 그 실패는 또 다른 실패를 낳았다. 운동, 독서, 글쓰기 같은 나를 변화시키고 싶었던 행동들이 전부 실패 목록에 추가되었다. 그 모든 실패의 근본적인 이유는 결국 하나였다. "내일부터 시작하지 뭐."

과거의 나는 코트에서 맘껏 뛰놀았고, 새로운 나는 코트 밖으로 밀려났다. 그 말 한마디가 나를 마비시켰다. 모든 것을 포기하는 못된 마음이 내 안에서 점점 커져갔다. 나는 이런 마음을 끊어내고 싶었다. 하지만 과거의 내가 만들어 놓은 이 거대한 굴레에서 벗어나기란 결코 쉬운 일이 아니었다.

번아웃이 왔다.

"이게 다 무슨 의미가 있지?"

 세상이 회색빛으로 보였다. 무엇을 해도 막막했고, 어디를 봐도 깜깜했다. 삶에 재미는 온데간데없었다. 겉으로는 아무렇지 않은 척 웃으며 하고 싶은 걸 하며 사는 것 같았지만, 사실은 그 무엇도 내가 나 답게 살고 있다는 생각을 주지 못했다.
 꼭 직장에서만 그런 게 아니었다. 부모님을 도울 때도, 나 혼자 무언가를 할 때도 마찬가지였다. 매 순간이 버겁고, 결국엔 주저앉게 만드는 생각들이 내 머릿속을 떠나지 않았다.

처음엔 그저 흔히 말하는 직장인의 번아웃이라고 여겼다. 하지만 곧 알게 됐다. 이건 단순히 일 때문에 생기는 게 아니었다. 삶에 너무 지쳐버린 사람이라면 누구든 걸릴 수 있는 병이었다. 말 그대로, 내 안의 모든 것이 다 타버리고 아무것도 남지 않았다는 느낌이었다. 예전의 생기와 활기, 긍정적인 생각들은 마치 처음부터 없었던 것처럼 흔적도 없이 사라졌다. 그때가 내가 죽고 싶다는 생각을 가장 많이 했던 시기였다. 차를 몰고 갈 때마다 그냥 차를 옆길로 틀어버리고 싶다는 충동이 하루에도 몇 번씩 찾아왔다.

"왜 이렇게까지 힘들까?"

스스로를 다독이기 위해 운동을 더 열심히 했다. 재밌다고 느낄 만한 것들을 찾아다녔고, 맛있는 음식을 먹으며 스스로를 위로했다.

하지만 어떤 노력도 해결책이 되지 않았다.
"언제라도 세상을 떠날 준비가 되어 있다."
그렇게 생각하며 살아갔다.

객관적으로 보면 내 상황은 그다지 힘든 게 아니었을지도 모른다. 세상에는 나보다 훨씬 어려운 상황에 처한 사람들이 많다는 것을 알고 있었다. 누군가 내게 그런 이야기를 해줬다면, 아마 아무 말도 하지 못했을 것이다. 대신 이렇게 생각했을 것이다.

"비교라는 게 무슨 의미가 있지?"

내가 힘들다는 사실은 변하지 않았다. 다른 사람의 고통이 내 고통을 덜어주지는 않았다. 하지만 그런 말을 들을 때마다 나 자신에게는 더 혹독해졌다.
"다른 사람들은 나보다 더 힘들어. 그런데 나는 뭐라고 이렇게 힘들다고 엄살을 피우는 거지?"

내가 힘들다고 외치는 소리는 점점 더 작아졌고, 나 자신도 나의 고통을 외면했다. 이 상태에서 벗어나야 했다. 내 마음의 문제를 풀어줄 뭔가를 찾아야 한다고 결심했다. 몇 날 며칠 잠을 제대로 자지 못한 끝에 나는 심리상담소를 찾아갔다.

처음 상담소에 들어섰을 때 나는 어떤 기대도 없었다. 내가 할 수 있는 모든 걸 이미 해봤고, 다 실패했다고 느꼈기 때문이다. 하지만 상담은 내가 예상했던 것보다 더 많은 것을 내게 줬다. 짧은 시간이었지만 내 마음이 나아지는 것을 느낄 수 있었다. 가족에게도 하지 못했던 솔직한 이야기를 할 수 있었다.

나도 나 답게 살고 싶은 사람이라는 사실을 깨달았다. 그 시간 동안 나는 처음으로 내 마음의 이야기를 제대로 들어볼 수 있었다. 응어리가 조금씩 풀리는 느낌이었다. 상담사는 내가 왜 이런 상태에 빠지게 되었는지를 심리학적인 관점에서 설명해줬다. 하지만 상담이 끝나고 일상으로 돌아왔을 때, 바뀐 것은 아무것도 없었다.

문제는 상담이 아니었다. 문제는 나를 병들게 한 삶의 구조 자체였다. 나는 여전히 그 삶에 그대로 갇혀 있었다. 번아웃이 지속되면서 주변 사람들은 내게서 "이전과 다른 사람"을 보기 시작했다. 가족과 친구들은 내가 성격이 안 좋아졌다고 말했다. 나는 점점 더 병들어갔다.

그러던 어느 날, 이런 생각이 떠올랐다.

"몸이 아프면 병원에 가듯, 마음이 아프면 마음을 다루는 병원에 가면 되지 않을까?"
그날 나는 정신과를 찾아보기로 결심했다.

마음을 치료하는 과정에서

"남들이 어떻게 생각하든, 난 치료를 받아야겠어."

요즘은 마음의 병에 대한 인식이 과거보다 나아졌다고 생각한다. 사람들 사이에서 "마음도 병이 들 수 있다"는 이해가 퍼지고 있다. 하지만 내가 치료를 받겠다고 결심했던 당시만 해도, 정신과는 여전히 편견과 선입견의 대상이었다.

정신과를 간다고 하면 "큰 문제가 있는 사람들만 가는 곳", "격리가 필요한 사람들만 드나드는 곳"이라는 시선이 존재했다.

나도 처음에는 그 시선이 두려웠다. 내 스스로 정신과에 간다는 것이 어떻게 비칠지 너무 걱정되었다. 타인의 시선, 그리고 내 안의 부정적인 생각들이 또다시 나를 가로막았다. 하지만 그 모든 것을 넘어서 치료가 필요하다는 생각이 나를 움직이게 했다. 비용 문제와 접근성의 어려움 속에서 대안을 찾아보다가 지역 보건소의 정신건강복지센터라는 곳을 알게 되었다. 심리상담소나 정신과 병원보다 접근성이 좋았고, 상담을 받을 수 있는 시스템도 갖춰져 있었다. 전화로 상담 예약을 잡고 대면 상담을 진행했다.

처음에는 두려움이 컸다. "정신"이라는 단어가 들어간 기관이라니, 그 자체가 낯설었다. 하지만 실제로 가보니 일반 보건소와 크게 다르지 않았다. 시설은 깔끔했고, 직원들 또한 전문성과 따뜻함을 동시에 갖춘 분들이었다. 상담은 큰 위로가 되었다.

"누구나 마음에 병이 들 수 있다"는 단순하지만 진심 어린 말은 그때의 나에게 큰 힘이 되었다. 다른 사람들이야 쉽게 해줄 수 있는 말이었겠지만, 그 말은 상담을 통해 듣는 순간 내게 새롭게 다가왔다.

상담은 내가 내 마음의 이야기를 조금씩 꺼낼 수 있는 기회를 줬다. 하지만 상담만으로 모든 것이 나아지지는 않았다. 상담을 받는 동안은 후련했지만, 일상으로 돌아오면 다시 제자리였다. 상담의 효과는 순간적일 뿐이었다. 상담사가 정신과 방문을 권유하셨다.

그렇게 나는 정신과로 향하게 되었다. 정신과에 간다면 모든 문제가 단번에 해결되리라는 기대를 안고 갔다. 하지만 병원에서 들은 이야기는 내 기대를 깨기에 충분했다. "약을 먹는다고 해서 바로 나아지는 건 아닙니다. 뇌의 작용이 정상으로 돌아오는 데는 시간이 걸립니다."
의사의 설명에 따르면, 마음의 병은 곧 뇌의 병이다. 마음이 아픈 상태의 뇌는 정상적인 기능을 하지 못한다. 약물 치료는 이 기능을 서서히 회복시키는 과정일 뿐, 즉각적인 해결책이 아니었다.

나는 작은 용량의 약을 시작으로 점차 용량을 늘려갔다. 부작용도 있었다. 두통, 불안 증폭 같은 증상들이 나를 괴롭혔다. 약이 내게 맞는지 확인하는 과정 자체가 고통스러웠다.

약물 치료는 거의 1년 동안 이어졌다. 그 기간 동안 스스로를 다독이며 버텼다. "괜찮아질 거야"라는 말을 하루에도 몇 번씩 되뇌며 의심과 싸웠다. 약물 치료가 끝났을 때, 나는 내 마음이 완전히 나아졌다고 말할 수는 없었다. 약을 먹기 전보다는 조금 나아졌지만, 드라마틱한 변화는 없었다.

그 와중에 새로운 직장을 얻게 되면서 약물 치료를 중단해야만 했다. 병원에 갈 시간이 없었다. 퇴근 시간이 병원의 운영 시간과 겹쳐 약을 처방 받을 수 없었다. 그렇게 약은 끊어졌고, 나는 다시 마음의 병과 홀로 싸워야 했다. 다시 혼자가 된 나는 마음이 병든 상태로 돌아갔다. 약물 치료의 효과는 점차 희미해졌고, 나는 또다시 끙끙 앓으며 지내게 되었다.

하지만 나는 이 모든 과정을 통해 적어도 한 가지를 배웠다. 내 마음을 들여다보는 것이 얼마나 중요한지, 그리고 그 과정을 포기해서는 안 된다는 것을. 나는 여전히 답을 찾고 있었다.

무심코 던진 돌에 개구리가 맞아 죽는다.

"전에 무슨 일을 하다가 여기 오게 됐어요?"

  새로운 직장은 내가 꿈꾸던 곳은 아니었다. 우연히 얻은 자리였다. 어머니께서 보시던 채용 공고를 추천하시며 지원을 권하셨다. 몇 번이고 설득해서 마지못해 지원서를 넣었다. 놀랍게도 그 자리가 나를 새로운 일터로 이끌었다.

  그 전에 나는 1년간 부모님이 운영하시는 식당을 돕고 있었다. 대학 졸업 후 본가로 내려갈 생각은 전혀 없었다. 혼자 남아 아르바이트를 하며 생활비를 벌고 취업 준비를 이어가려 했다.

그런데 갑작스레 식당에서 함께 일하던 사촌 누나가 그만두면서 나는 대신 그 자리를 메워야 했다. 그렇게 본가로 돌아간 시간이 내겐 생각보다 훨씬 무겁고 지치는 시간이었다. 그 1년은 내 인생에서 가장 힘들었던 시기로 남아 있다. 단순히 바쁘기만 했던 것이 아니다. 삶 자체가 내게 지나치게 많은 무게를 지우는 것처럼 느껴졌다. 그 시기는 세상이 회색빛으로 보이던 날들이었다. 심리상담과 정신과를 오가던 시간도 이 시기와 겹쳤다.

마음의 병은 더 깊어지고 있었다. 본가로 내려갈 당시 나는 상처를 안고 있었다. 오랜 시간 마음에 품었던 이상형과의 인연이 좋지 않게 끝났고, 취업에 대한 막연한 불안감은 내 머릿속을 온통 차지했다. 거기에 식당 일을 돕는 것도 추가되었다.

"취업 준비는 잘 되어가고 있니?"라는 질문은 날마다 들려왔다. 가족들이 나를 걱정해 주는 것이라는 걸 알면서도 그 말들이 내게는 너무나도 큰 부담으로 다가왔.

식당에서 하는 일은 배달, 설거지, 계산, 청소처럼 단순한 일이었다. 하지만 하루가 끝나면 내 몸과 마음은 이미 녹초가 되어 있었다.

나는 스스로를 식당에 있는 파김치와 다르지 않다고 느꼈다. "내가 언제까지 이렇게 살아야 하지?"라는 질문이 머릿속에서 떠나지 않았다. 그 시기에 남들이 무심코 던진 말들은 내게 돌이 되어 날아왔다.

"젊은 사람이 여기서 뭐 하고 있니?"
"식당 일 그만하고 빨리 취업 준비나 해야지."

그 말들은 들을 때마다 나를 짓눌렀다. 던지는 사람은 아무 의도 없이 툭 내뱉었겠지만, 그 말들이 내 마음을 아프게 하고 자존감을 깎아내렸다. 나는 그 돌에 계속 맞고 있는 개구리 같았다. 식당에서 일하면서 가족들과 보내는 시간도, 도와드리는 일도 모두 부담으로 다가왔다. 자유로운 숨을 쉴 수 있는 시간이 없었다. 생각을 비우고 나를 돌볼 여유조차 없었다. 그 시간이 끝나고 새로운 직장에서 일하게 되었다. 하지만 식당을 완전히 떠난 건 아니었다. 가끔 부모님을 도와드리러 다시 식당으로 갈 때면, 그곳에 있던 말들이 여전히 나를 따라왔다.
"젊은 사람이 이런 데서 뭐 하려고 해?"
"밖에 나가서 더 나은 일을 해야지."

나는 그 말들을 듣지 않을 수 없는 상황에 놓여 있었다. 그 무심한 말들에 마음이 계속 맞고 있었다. 그들은 한 마디 던지고 잊었겠지만, 나는 그 말들이 만들어낸 상처 속에서 계속 살아가야 했다. 나는 바랐다. 그 말들이 없는 곳에서, 진정으로 나 다운 삶을 살아가길.

#2

[시작이 가진 가짜 무게]

일단 시작해 봐, 하면 된다니까!

"하면 된다니까! 시작을 안 해봐서 그래."

언젠가 이 말을 들었을 때, 나는 속으로 피식 웃었다. 이미 뭔가를 이루어낸 사람들만이 자신 있게 내뱉는 말 같았다. 도대체 저 말이 왜 맞는 건지, 나처럼 평범하고 초라한 사람이 들으면 그저 공허한 말처럼 느껴졌다.

나는 열등감에 사로잡혀 있었고, 시작이란 단어가 주는 무게에 눌려 숨 쉬기조차 힘들었다. 그런데 지금 돌아보면, 저 말이 틀리지 않았음을 느낀다.

거창한 성공 때문이 아니다. 오히려 사소한 행동 하나라도 했을 때, 그에 대한 반응을 마주했을 때, 비로소 '하면 된다'는 말의 의미를 깨달았다. 작은 움직임이 작은 변화를 만들었다. 그 변화를 내가 직접 눈으로 보고 나니, 더는 의심할 수 없었다. 그러니 당신도 시작을 주저하고 있다면, 내 이야기를 조금만 들어줬으면 한다.

시작이 가진 가짜 무게

나는 오랫동안 시작이라는 문턱 앞에서 서성거렸다. 시작의 무게는 나에게 한없이 무겁고 두려운 것이었다. 시작을 못 해서 포기했던 것들, 놓아버렸던 꿈들이 얼마나 많았는지 모른다. 특히 가장 아쉬웠던 것 중 하나는 상담소를 운영하고 싶다는 내 마음속 작은 바람이었다.

처음 심리상담을 받으러 갔던 날을 기억한다. 상담소에서 느껴진 따스함, 상담사분의 여유로운 미소와 열정은 내게 큰 감동으로 다가왔다. 상담이라는 과정을 통해 나도 언젠가 누군가에게 이렇게 위로와 도움을 줄 수 있으면 좋겠다는 생각이 들었다.

그러면서 상상을 시작했다.

내가 좋아하는 향기, 아름다운 꽃, 따뜻한 공간에 내 마음을 담아 사람들이 머물다 가는 곳을 만들면 어떨까? 숨겨왔던 마음을 풀어내는 동시에 눈으로 아름다움을 보고, 마음으로 위안을 받을 수 있는 그런 공간을 말이다. 상상은 행복했다. 그런데 막상 현실의 문턱에 닿는 순간, 주변에서 들려오는 말들이 나를 가로막았다.

"그게 무슨 돈이 되겠어?"
"그건 사람들이 좋아하지 않을 거야."
"상담사는 돈 많이 못 벌어."

이런 말들은 내게 돌처럼 무겁게 다가왔다. 어쩌면 그 말들이 맞을지도 모른다. 하지만 나는 단순히 돈을 쫓으려는 게 아니었다. 나를 필요로 하는 사람들이 위로 받고, 안정을 찾아가는 모습을 꿈꿨다. 소박하지만 진심이 담긴 꿈이었다. 그러나 남들의 말은 내 의지를 꺾었고, 시작을 가로막았다. 나는 무너졌다.

그럼에도 불구하고

그 시절로 다시 돌아간다면, 이렇게 말해주고 싶다.

"너는 지금 시작의 무게에 속고 있는 거야."

시작은 무겁지 않다. 그 무게는 우리의 두려움이 만들어낸 가짜일 뿐이다. 내가 겪어본 바로는, 시작은 작고 사소한 한 걸음이다. 그 한 걸음으로 나아가면, 어느새 두 걸음, 세 걸음으로 이어진다. 그리고 그제야 깨닫는다. 처음에 그토록 무겁게 느껴졌던 시작이 사실은 가벼운 것이었다는 사실을.

"하면 된다니까!"라는 말은 한 번의 시작, 단 한 번의 성공을 통해 비로소 당신 것이 된다. 물론 용기는 쉽지 않다. 하지만 그 첫걸음을 내딛는 순간, 시작이 가진 가짜 무게는 사라진다. 내게도 그랬다. 내 안에 있던 열등감과 두려움이 점점 옅어졌고, 작은 성공을 통해 다음 도전을 향한 용기를 얻게 되었다.

당신도 해낼 수 있다

이글을 읽는 당신에게도 시작은 무겁게 느껴질지 모른다. 하지만 그 무게는 당신이 만든 환상일지도 모른다.

내가 그러했듯, 용기를 내어 한 번만 도전해보자. 실패할지라도 상관없다. 중요한 건 시작하는 것이다. 시작이 새로운 가능성을 열어주고, 당신을 조금 더 앞으로 나아가게 한다.

"시작을 안 해봐서 그래."

이 말은 단순한 격려가 아니다. 한 번의 시작으로 경험한 변화는 생각보다 커다란 울림을 만들어낸다. 그러니 두려움에 눌려 주저하지 말고, 당신만의 작은 첫걸음을 시작해보자.

지금이 바로 그 순간이다.

지금 이 글을 읽고 있는 당신에게, 내가 하고 싶은 말은 단 하나다. "하면 된다니까!" 그러니 이제 그 가벼운 용기를 손에 쥐고, 한 걸음을 내디뎌보자. 언젠가 당신도 나처럼 그 말을 믿게 될 날이 올 것이다.

나다운 삶을 찾아가는 여정

"저 고슴도치 되게 귀엽네."

 어렸을 때 한 영화에서 인상 깊었던 장면이 있다. 2006년에 나온 애니메이션 영화 헷지였다. 그 영화는 코미디로 포장되어 있었지만, 사람들에게 전달하고자 하는 주제는 꽤 깊었다.

 하지만 어린 내게는 그 주제보다 영화 속 고슴도치 캐릭터가 더 눈에 들어왔다. "참 귀엽다." 그저 그렇게 생각했을 뿐인데, 그 순간이 내게 은근히 오래 남았다. 나는 원래부터 귀여운 동물이나 그것을 캐릭터화한 그림을 좋아했다. 시간이 흘러 지금도 여전히 그렇다.

특히 인스타툰처럼 말랑말랑한 캐릭터들로 가득한 그림과 따뜻한 메시지는 내 일상 속 작은 위로였다. 때로는 그런 캐릭터를 그리는 작가들의 삶이 부러웠다. 자신만의 그림과 메시지로 사람들을 감동시키는 모습, 그 자체가 멋져 보였다. 문득 나도 그렇게 살아보고 싶다는 생각이 들었다. 어쩌면 그것이 내가 나 다운 삶을 사는 방식이 아닐까 하는 작은 희망이 생겼다.

어릴 적 미술학원에 다니며 그림을 좋아한다는 칭찬을 몇 번 듣곤 했던 기억도 떠올랐다. 그때의 즐거움을 떠올리며 나는 다시 한 번 스케치를 시작해 보기로 했다. 별다른 준비 없이 작은 노트 하나를 꺼내 들고 내가 좋아하는 캐릭터와 동물 그림을 따라 그리기 시작했다. 하루 15분에서 30분 정도만 투자하면 될 정도로 간단한 작업이었다. 그 시간은 짧았지만, 그림을 그리는 동안 나는 행복했다.

스케치를 하면서 나도 언젠가는 따뜻하고 귀여운 인스타툰을 그리는 작가가 될 거라는 상상을 하곤 했다. 그 상상만으로도 마음 한구석이 말랑해지는 기분이었다.

그러던 어느 날, 나는 실수로 그림이 잔뜩 그려진 노트를 다른 사람에게 빌려주었다. 한참이 지나서야 그 사실이 떠올랐다. "아, 큰일 났다!" 나는 조마조마한 마음으로 노트를 돌려받기만을 기다렸다. 내가 그린 그림들이 너무나 서툴렀기에, 누군가 그것을 보게 된다는 사실이 몹시 부끄러웠다. 그런데 노트를 빌려 간 분이 내게 이렇게 물었다.

"선생님 혹시 토끼 좋아하세요?"

나는 고개를 끄덕였다. 그렇다. 나는 토끼를 좋아한다. 그 복슬복슬한 털과 앙증맞은 모습은 언제나 나를 미소 짓게 만든다. 그분이 내 노트 속 그림을 본 것이 틀림없었다. 순간 얼굴이 화끈거렸다. 그런데 그 다음 들은 말은 뜻밖이었다. "선생님, 그림 잘 그리시네요." 솔직히 말해, 칭찬이 진심이었는지는 모르겠다. 하지만 그 말 한마디가 내게 얼마나 큰 힘이 되었는지 모른다. 부끄러움 속에서도 묘한 기쁨이 피어올랐다.

내가 그리는 그림이 조금씩 나를 현실로 데려다주는 것 같았다. 그리고 나는 다시 노트를 열어 그림을 그리기 시작했다. 그림을 그리는 것은 나만의 작은 루틴이 되었고, 그 시간은 나 답게 살아가는 한 걸음처럼 느껴졌다. 하지만 꿈을 향한 길이 항상 설렘으로만 채워져 있지는 않았다. 그림을 그리는 사람들의 현실에 대한 이야기를 접하기 시작하면서 내 마음속의 희망은 조금씩 무너져 내렸다. 작가로 산다는 것이 얼마나 힘든지, 그들의 고충을 들을수록 내 마음은 점점 작아졌다. "좋아하는 일을 한다는 것만으로는 충분하지 않겠지?" 이런 생각이 들며 머릿속에는 또다시 익숙한 목소리가 떠올랐다.

"좋은 직장에 취업해야지."
"안정적인 직업을 가져야 돼."

그 목소리들은 내 상상 속에서 활짝 핀 꿈의 꽃봉오리를 서서히 오므라들게 만들었다. 어느새 나는 그림을 그리는 손을 멈췄다. 내 마음속에서 더 이상 그림을 그리는 내 모습이 선명히 떠오르지 않았다.

그래도, 그날을 기억한다.

그림을 다시 그리기 시작했던 그 순간들, 처음 내 그림을 보고 누군가 건넸던 따뜻한 한마디, 그리고 그림을 그릴 때마다 떠올렸던 나 다운 삶. 그 모든 것이 아직 내 안에 있다. 한때는 잊었다고 생각했던 꿈이지만, 지금도 가만히 들여다보면 여전히 내 안에서 희미하게 빛나고 있음을 안다.

나는 나 다운 삶을 찾아가는 길이 한 번에 완성될 수 없다는 걸 이제는 안다. 그림을 그리고 싶다면 그리기만 하면 되는 것이 아니다. 그 꿈을 지키는 것은, 수없이 찾아오는 현실의 목소리들 속에서도 나를 믿는 용기를 가지는 것이다.

내가 좋아하는 것, 내가 원하는 것, 나 다운 삶은 그렇게 간단한 게 아니었다. 하지만 분명한 것은 시작하고 나서야 비로소 보이는 것들이 있다는 것이다. 내가 한 번 멈추었다고 해서 그 길이 끝난 건 아니었다.

그리고 당신도 그렇다.

당신이 진정 원하는 것이 있다면, 조심스럽게 손을 뻗어 다시 시작해 보자. 그것이 무엇이든, 그것이 얼마나 작아 보이든, 당신의 마음에 의미가 있다면 그 길은 반드시 당신의 삶을 채워줄 것이다.

그러니, 다시 그려보자. 꿈꾸던 당신의 삶을.

꽃과 나, 그리고 나 다운 삶의 단편들

"내일은 예약이 많아서 급하게 꽃 필요하신 경우 최소 1시간 전이라도 연락 주시면 감사드려요^^"

친구의 인스타그램 스토리에 올라온 이 글을 읽고 문득 많은 생각이 떠올랐다. 그 친구는 나와 같은 학교, 같은 학과를 졸업한 동기다. 지금은 자신의 꽃집을 운영하며 바쁜 하루를 살아가고 있다. 스토리 속에서 느껴지는 그 친구의 일상은 열정으로 가득 차 있었다. 재능이 넘쳐흐르는 건 물론이고, 그 삶 자체를 온전히 즐기고 있는 것 같았다.

나는 문득 미안해졌다. 친구가 꽃집을 개업했을 때 축하의 한마디조차 전하지 못한 게 아쉽기도 했다. 비슷한 기억이 또 있다. 내 후배의 부모님도 꽃집을 운영하신다. 예전에 한 번, 그 꽃집에서 분홍색을 베이스로 한 꽃다발을 주문한 적이 있다. 꽃들 하나하나의 색감이 아름다웠던 그 꽃다발은 유난히 기억에 남아 있다.

그런데 이런 기억들은 이상하게도 내가 일에 회의감을 느낄 때마다 떠오르곤 했다. 마치 그 순간들이 내게 무언가를 속삭이는 것처럼 말이다. 사실 나는 감동받았던 순간들이 자주 떠오르는 사람이다. 그런 단편적인 기억들은 어느새 내 취향으로 자리 잡았다. 예쁜 공간을 좋아하고, 식물들 속에서 위안을 느끼고, 명도가 높은 밝은 색들에 끌리는 나 자신을 발견했다. 그리고 또 한 가지. 누군가에게 선물을 주는 일이 그렇게 기쁠 수 없었다. 그런 나를 돌아보며 생각했다.

"나도 꽃을 다뤄보고 싶다."
시작은 가벼웠다

이번에도 시작은 그랬다. 구독 중이던 클래스101에서 꽃다발 강의를 찾아 들으며 작은 노트에 필기를 시작했다. 전공이 원예학이긴 했지만, 정작 꽃을 깊게 공부했던 기억은 거의 없었다. 나에게 원예란 상추나 무, 배추 같은 농작물을 기르는 것이 대부분이었다. 꽃을 다루는 건 이번이 처음이었다.

그러던 중 서울에 갈 일이 생겼다. 마침 '국제정원박람회'가 열리고 있었다. 잠깐 들를 시간이 있어 뚝섬한강공원을 찾아갔다. 맑은 하늘과 따뜻한 햇볕, 그리고 바람이 적당히 불던 그 날씨는 정원을 관람하기에 딱 좋은 날이었다. 공원을 가득 채운 다양한 정원들을 보며 나는 행복감에 휩싸였다. 정원의 의도를 설명해 놓은 작은 안내문조차 내겐 큰 감동으로 다가왔다. 작가들의 정원, 시민과 학생들이 만든 정원, 식물을 판매하던 상인들까지 모두가 그곳의 분위기를 만들어 내고 있었다.

'나도 이런 작품을 남길 수 있다면.'
'사람들에게 아름다움을 전하며 사는 게 얼마나 즐거울까.'

그 생각이 내 머릿속에서 떠나지 않았다. 박람회에서 얻은 여운 때문이었을까? 약속 장소로 가는 길에 누군가에게 꽃다발을 선물하고 싶어졌다. 하지만 주변 가게들을 돌아다니며 좋은 꽃다발을 찾기가 쉽지 않았다.

결국 그나마 괜찮아 보이는 꽃을 사서 선물했지만, 상태가 완벽하진 않았다. 선물을 받은 분은 감사하다고 했지만, 찌그러진 꽃들을 보고 살짝 놀라기도 했다. 나는 속으로 뜨끔했다. 그럼에도 불구하고, 꽃과 함께했던 그 순간들은 나에게 새로운 가능성을 보여줬다. '정말로 꽃과 함께라면 즐겁게 살 수 있을지도 몰라.' 그러나 현실은 간단하지 않았다.

현실과 환상, 그 사이

꿈과 현실의 간극은 때로 잔인할 정도로 선명하다. 작은 장미 한 송이를 다듬을 때마다 손가락을 찌르는 가시는 그저 사소한 불편일 뿐이었다. 하지만 가게를 열기 위해 빚을 내야 한다는 현실적인 고민은 나를 쉽게 한 발자국도 떼지 못하게 했다.

부모님이 늘 하시던 말이 떠올랐다.

"빚은 절대 내면 안 된다."

부모님은 농촌에서 작은 식당을 운영하신다. 손님이 몰리는 날도 있지만, 하루 종일 고작 두 명이 오는 날도 있었다. 부모님의 고단한 모습을 보며 나는 막연히 생각했다.

'만약 내가 꽃집을 한다면 과연 잘될 수 있을까?'

그런 생각들이 겹겹이 쌓이며 나는 더 이상 꿈을 이야기할 용기를 내지 못했다. 대신 안정적인 직장인이 되어 가족들에게 '제 몫'을 다하는 것이 최선이라고 믿으려 했다. 하지만 그 선택이 나 다운 삶인지에 대해선 여전히 확신할 수 없었다.

다시, 나 다운 삶을 향해

친구의 인스타 스토리를 다시 떠올린다. "내일은 예약이 많다"며 바쁘게 살아가는 그 친구의 모습은, 안정적인 삶이 아니더라도 자신의 길을 선택한 사람이 주는 울림이 있었다. 꽃을 통해 행복을 찾는 꿈. 여전히 나에게는 그 꿈이 내게 가장 나 다운 삶이라는 생각이 든다. 물론 그 꿈은 단순하지 않다.

현실은 꿈만큼 화려하지 않을 것이다. 하지만 그럼에도 불구하고, 나는 다시 한 번 그 길을 걸어보고 싶다. 당신도 그렇지 않을까. 나 다운 삶을 찾기 위해 반복되는 현실의 목소리에 주저앉을 때가 있지 않을까.

그럴 때마다 잠시 멈춰 서서 당신만의 단편적인 순간들을 떠올려 보자. 당신을 울리고 웃게 했던 기억들이 당신을 나 다운 길로 이끌어 줄지도 모른다.

그리고 그 순간들을 잇는 작은 시작이라도 해보자. 그것이 당신의 꽃이든, 그림이든, 아니면 또 다른 무엇이든. 당신의 이야기는 분명 아름답게 피어날 것이다.

난 사실 인정받고 싶어 했구나

돌아보니 그랬다. 나는 다른 사람들의 시선과 의견에 쉽게 흔들리며 살아왔다. 하지만 그 흔들림이 항상 나쁜 것만은 아니었다. 가끔은 그들의 의견에 귀 기울이는 과정에서 나 스스로를 더 잘 알아가기도 했다. 변화된 모습에 대해 들려온 칭찬들은 나를 행복하게 해줬다.

"이전보다 훨씬 나아졌어요."
"잘하네요!"
그런 말들이 내게 자신감을 심어줬다.
그리고 그 순간, 깨달았다.
'나는 사실, 인정받고 싶어 했구나.'

다른 사람에게 인정받는다는 것은 단순한 욕심처럼 보일지 몰라도, 그것이 나를 움직이게 했다. 그리고 점점 더 나를 꺼내어 보여주고 싶다는 마음이 커졌다.

사람들이 자신을 세상에 내보이는 방식은 다양하다. 개성 있는 스타일링으로 자신을 표현하거나, 맛있는 음식을 만들어 내보이기도 한다. 때로는 글을 통해 마음을 나누고, 자신의 이야기를 전한다. 나 역시 그런 시도를 해보고 싶었다. 가장 쉬운 것부터 하나씩 해보자는 마음으로 시작했다.

작은 변화, 나를 내보이는 연습

내가 선택한 첫 번째 도구는 SNS였다. 카카오톡과 인스타그램의 프로필 사진. 그것도 자신을 드러내는 방법 중 하나라고 생각했다. 남들이 찍어준 듯 자연스러운 콘셉트의 사진을 올리곤 했다. 사진 속 나는 항상 좋은 풍경과 함께였다. 나의 숨은 의도는 간단했다. 호감 가는 사람으로 보이고 싶었다. 사실 많은 사람들이 이런 방식으로 자신을 드러낸다.

하지만 이번에는 조금 다르게 해보고 싶었다. 단순히 보기 좋은 사진이 아니라, '나'라는 사람이 좀 더 담긴 프로필 사진을 찍어보고 싶었다. 그래서 처음으로 전문 스튜디오 촬영을 결심했다. 내가 주인공이 되는 사진, 내가 어떤 사람인지 담아내는 사진을 만들어보고 싶었다.

촬영을 위해 스튜디오를 선택하고, 강남으로 향했다. 그곳에서 처음으로 전문 메이크업을 받아보았다. 스킨, 로션, 선크림 같은 간단한 단계만 하던 내가 한 번도 써보지 않았던 화장품을 발랐다. 머리도 전문가의 손길을 거쳤다. 처음 해보는 경험들에 어색하기도 했지만, 나는 이 모든 과정을 진지하게 받아들였다. 촬영 중에도 노력했다. 평소엔 카메라 앞에서 어색해하기 일쑤였던 나였다. 친구들과의 사진, 인터뷰 촬영에서도 어정쩡한 표정과 자세만 남기기 일쑤였다.

하지만 이번엔 달랐다. 어색함 속에서도 최대한 자연스러운 표정을 지으려 애썼다. 카메라를 마주할 때마다 내 안에 있는 긴장감과 남의 시선에 대한 두려움을 이겨내고 싶었다. 그렇게 나는 나를 내보이는 데 점점 진심을 담았다.

당당한 걸음을 연습하며

 촬영을 마치고 난 뒤에도 나를 내보이는 연습은 계속됐다. 촬영에서 받은 메이크업과 스타일링 그대로 강남 곳곳을 돌아다녔다. 스타필드 코엑스, 별마당 도서관 같은 곳을 천천히 걸었다. 사람들로 붐비는 공간 속에서 나는 최대한 당당하게 걸으려 노력했다. 내 머릿속에서는 계속해서 스스로를 격려하는 목소리가 들렸다.
 "지금 내 모습, 괜찮아 보일 거야."
 "굳이 다른 사람들의 시선을 두려워할 필요 없어."
그날, 나는 2만 보 가까이 걸었다. 발은 구두 때문에 아팠지만, 마음은 한결 가벼웠다. 누군가의 시선 안에서도 당당해지는 연습을 했다는 것만으로도 의미 있는 하루였다.

 결국, 깨달은 것

 스튜디오에서 찍은 사진은 결국 쓰지 않았다. 지인에게 보여줬더니, "인위적인 느낌이 강하다"는 피드백을 받았다. 내 눈에도 그랬다.

그렇지만 중요한 건 그 사진 자체가 아니었다. 나를 내보이고 싶어 하는 마음이 분명히 존재한다는 걸 깨달은 것이었다. 이제 나는 안다. 남들에게 보이는 모습은 단지 외형적인 것만이 아니라는 사실을. 나다운 삶은 나 자신을 세상에 어떻게 내보이느냐에 따라 조금씩 다가오는 것 같다. 그리고 그 과정은 때로는 어색하고, 때로는 불완전할지라도 충분히 가치 있는 도전이라는 것을.

당신은 어떤 모습으로 세상에 나를 보여주고 싶은가요?

그 어떤 모습이든, 그 시작은 당신 스스로의 목소리에 귀 기울이는 데서 출발한다. 한 걸음씩, 조금씩 나아가다 보면 어느새 당신다운 모습이 세상에 드러날 것이다. 그리고 그 모습은 당신이 가장 사랑할 수 있는 당신일지도 모른다.

뭐라도 내 마음을 편하게 해주었으면

"그 자리에 꼭 붙어있어요, 어디 갈 생각하지 말고."

이 말이 나를 얼마나 무겁게 짓눌렀는지 설명하기 어렵다. 누군가에게는 단순히 흘려들을 수 있는 말일지도 모르겠다. 하지만 그날, 그 한마디는 내 마음속 깊은 곳에 있는 의심들을 모두 깨워버렸다.

나는 쉽게 지치는 사람이었다. 누군가는 싫은 소리를 들어도 금세 털어내고, 힘든 일을 겪어도 다시 벌떡 일어서는 사람이 있다. 그들과 비교하면 나는 그 반대였다. 작은 일에도 마음이 금세 지쳐버렸다. 그래서 나는 늘 고민했다.

"내가 이렇게 해도 괜찮은 걸까?"
"이게 정말 맞는 방향일까?"

그 의심들은 내 삶 곳곳에 뿌리처럼 퍼져 있었다. 어쩌면 이런 의심들이 나를 더 나은 방향으로 이끌어주는 역할을 했을지도 모른다. 하지만 때로는 그 의심들이 걸림돌처럼 느껴졌다. 내가 앞으로 나아가려 할 때마다 그것들이 날 붙잡았다. 그러다 보니 결국 스스로 결정을 내리는 것도, 그 결정을 밀고 나가는 것도 쉽지 않았다.

의심을 벨 도구를 찾아서

나는 의심을 벨 뭔가가 필요했다. 답을 구하기 위해 가족들에게도 물어보고, 주변 사람들에게 조언도 구했다. 하지만 그 어떤 대답도 내 마음을 완전히 편하게 해주진 못했다. 오히려 내가 듣고 싶은 말만 찾아다니는 내가 싫었다. 그렇게 고민만 하다 결국 나는 점을 보기로 했다. 평소 심리학이나 명리학, 운과 같은 주제를 다룬 책을 즐겨 읽었다. 그러다 한 책의 저자가 점을 본다는 것을 알게 되었다. 믿고 간 것은 아니었다.

단지 뭔가 새로운 답을 찾을 수 있지 않을까 하는 마음으로, 그 사람을 찾아갔다. 서울로 올라가는 길은 기대와 불안이 뒤섞여 있었다. 막연히 전통적인 한옥이나 산속 깊은 곳에서 점을 볼 거라고 상상했지만, 도착한 곳은 깨끗하고 현대적인 아파트 단지였다. 그때부터 어딘가 어긋난 느낌이 들었다. 그래도 마음을 다잡고 방문에 들어섰다.

들어가자마자 들려온 말들

"그 자리에 꼭 붙어있어요, 어디 갈 생각하지 말고."

그날의 대화는 내게 잊기 어려운 경험이었다. 점을 보는 사람은 내가 지금까지 겪었던 힘든 일들을 "너무 쉽게 힘들어한다"고 평가했다. 내가 약하게 태어난 것은 맞지만, 그 약함에 스스로 의존하며 살아왔다고 했다. 내가 가장 벗어나고 싶었던 농촌이라는 환경에 대해서도 부정적인 말만 들었다.

"지금 당신이 해온 다른 시도들은 크게 효과가 없을 것이다."

그 말이 머릿속에서 계속 맴돌았다. 내가 애써 고민하며 내린 결론들이 모두 틀렸다는 느낌이 들었다. 그날 들었던 말들 중 단 하나도 내가 듣고 싶었던 말은 없었다. 오히려 내 삶의 선택들을 전부 부정당한 기분이었다. 방을 나설 때의 나는 초라해져 있었다. 나를 둘러싼 모든 게 의미 없는 것처럼 느껴졌다.

집으로 돌아가는 길에

아파트 단지를 나오며 마음이 쭉 가라앉았다. 내가 왜 이곳까지 왔는지, 그 말을 믿어야 할지조차 혼란스러웠다. 집으로 가는 기차를 기다리며 몰래 눈물을 흘렸다. 내 마음을 편하게 해줄 답을 찾으러 갔지만, 오히려 더 많은 의문만 남았다.

'내가 지금까지 살아온 방식이 정말 잘못된 걸까?'
'혹시 남들의 시선에 의지하며 살아온 건 아니었을까?'

스스로를 돌아보는 질문들이 머릿속을 떠나지 않았다. 남들이 정해놓은 기준에 맞춰야 한다는 부담감이 나를 짓눌렀다. 내가 원하는 것과 남들이 원하는 것 사이에서 끊임없이 갈등하며, 한 번도 나 자신을 제대로 믿어본 적이 없다는 사실을 깨달았다.

결국, 나를 편하게 해주는 것은

그날 이후로도 내 마음은 쉽게 편해지지 않았다. 하지만 시간이 지나며 느꼈다. 나를 가장 불편하게 만드는 것은 남들의 말이 아니라, 그것을 의심 없이 받아들이는 내 태도라는 것을. 점에서 들은 말들은 단지 참고일 뿐이었다. 내가 어떤 결정을 내리든, 그 결과를 책임지는 사람은 나 자신이다. 그래서 나는 조금씩 생각하기 시작했다. 남들이 뭐라고 하든, 내가 진짜 원하는 것이 무엇인지에 더 집중하자고. 혹시 당신도 삶이 버겁고 답답할 때, 누구나 그러하듯 외부의 답을 찾고 싶을 것이다.

하지만 결국, 우리를 진짜 편하게 해주는 답은 스스로에게서 찾아야 한다. 그것이 쉽지 않더라도, 우리는 그 과정에서 조금 더 단단해질 것이다.

'지금 당신은 어디에 있나요?'
'그리고 무엇을 믿고 있나요?'

그 자리에 꼭 붙어 있는 것도, 새로운 길을 찾아 나서는 것도 결국 당신의 선택이다. 중요한 것은, 어떤 선택이든 당신이 진심을 담아 스스로의 마음을 믿는 것이다.

나의 넓었던 인간관계를 돌려주세요

"글쎄, 난 잘 모르겠던데?"

쌍둥이 동생과 대화를 나누다 툭 튀어나온 이 한마디는 묘하게 마음에 걸렸다. 나는 동생보다 본가인 상주에 대해 훨씬 덜 알고 있었다.

졸업 후 본가로 급히 내려왔던 나는 부모님을 돕느라 정신없었고, 주변을 둘러볼 여유도 없었다. 새로운 직장에서 일을 시작했지만, 인간관계라는 문제는 좀처럼 풀리지 않았다.

대학 시절만 해도 내 인간관계는 꽤 넓었다. 친구들과 학생회 활동을 하며 알게 된 사람들, 대외활동을 통해 연결된 다양한 인연들까지. 그 관계들은 내 삶에 다채로운 색깔을 더해주었다. 하지만 상주로 내려오자 모든 것이 달라졌다. 그 넓었던 인간관계가 사라지고, 나는 급격히 좁아진 세계 속에서 살아가고 있었다.

"사람은 어디서 만나야 할까?"
이 고민을 동생에게 털어놓았다. 동생은 별다른 표정 없이 듣더니 나에게 상주 청년센터를 추천했다. 거기서 사람들을 만날 수 있을지도 모른다는 말이었다. 인터넷으로 검색해 보니 원데이 클래스도 열리고, 공용 라운지도 운영 중이라는 정보가 나왔다.

기대감을 안고 나는 두 가지 시도를 해보기로 했다. 첫 번째는 공용 라운지에서 작업하기. 혹시라도 나와 비슷한 나이대의 사람이 있다면 대화를 나눠보려 했다. 하지만 몇 번을 가도 라운지는 텅 비어 있었다. 직원 한 명만 있을 뿐, 내가 만날 수 있는 사람은 없었다.

두 번째로는 원데이 클래스 참여였다. 애니어그램 심리검사를 주제로 한 클래스가 있다고 해서 참가비를 내고 갔다. 그날은 낯을 많이 가리는 나에게도 도전의 날이었다. 하지만 결과는 비슷했다. 그 공간은 나와 잘 맞지 않는다는 것을 느꼈다.

"내가 정말 별로인 사람인가?"
혼자 남겨진 기분에 이런 의문이 들었다. 대학교 때 함께 웃고 울었던 사람들은 어디로 갔을까? 왜 나는 그들을 붙잡지 못했을까? 연락처 속 수많은 번호들 중 지금 당장 편하게 전화할 수 있는 사람이 몇이나 될까? 곰곰이 생각해보니, 나는 늘 사람들에게 좋은 모습을 보이려고 애썼다. 내가 먼저 연락하고, 내가 먼저 찾아가며 관계를 유지하려 노력했다. 하지만 그러면 그럴수록 관계는 더 멀어졌다. 문득 이런 말을 떠올렸다.

"가까워하려 하면 멀어지고, 신경 쓰지 않을수록 곁에 남는다." 내게 인간관계란 꼭 그런 느낌이었다. 내가 집착할수록 관계는 틀어지고, 억지로 꾸미려 할수록 어긋났다.

집착을 내려놓는 법

대학교 시절의 인간관계가 내게 행복했던 순간임은 부정할 수 없다. 그 기억들은 여전히 내 안에 남아있다. 하지만 이제는 그 시절에 대한 집착을 내려놓아야 했다. 인간관계는 늘 변화하고, 끊어지기도 하고, 새로 만들어지기도 한다. 지금 내게 필요한 건 과거의 관계를 그리워하며 후회하는 것이 아니라, 현재를 받아들이는 법이었다. 새로운 사람들을 만나는 게 쉽지 않다고 해도 괜찮다. 한동안 혼자 있는 시간을 보내는 것도, 내게 필요한 과정일지 모른다. 중요한 건 내가 인간관계에 집착하지 않고, 나 자신을 돌보는 법을 배우는 것이었다.

힘들어도 괜찮다고 말하는 연습

"내가 잘못한 걸까?"
"내가 부족해서 그런 건가?"
이런 의문들은 쉽게 사라지지 않았다. 하지만 그 질문들 속에서 깨달은 게 하나 있다. 인간관계의 크기나 수가 내 가치를 증명하는 것은 아니라는 것.

관계가 줄어들었다고 해서 내가 나쁜 사람은 아니다. 스스로에게 괜찮다고 말하는 연습이 필요했다. 내 속마음을 잘 알고 있는 나 자신에게 위로를 건네며, 새롭게 펼쳐질 삶을 기대하는 마음을 조금씩 키워나가야 했다.

내 이야기는 아직 진행 중이다

상주에서 나의 인간관계는 여전히 좁다. 하지만 그 안에서 나는 나 다움을 찾으려 노력하고 있다. 새로운 사람들과 만나게 될 기회는 분명 다시 찾아올 것이다. 그때는 억지로 관계를 만들려고 애쓰기보다는, 내 속도에 맞춰 자연스럽게 다가가고 싶다. 과거의 관계들이 사라져 아쉽다면, 그것을 좋은 추억으로 남기면 된다. 그리고 새로운 시작을 기다리면 된다. 언젠가 나의 빈자리를 채워줄 또 다른 사람들과 함께 다시 웃을 날이 오리라 믿는다.
지금 당신도 혼자라고 느끼고 있다면, 괜찮다. 혼자 있는 시간은 어쩌면 당신을 더 깊게 이해하게 해주는 시간이 될 것이다.

언젠가 당신도 또 다른 관계를 만들어가는 날이 올 것이다. 그때까지, 지금 이 순간을 소중히 살아보자.

이렇게 사는 건 좀 아니지 않나?

"내일부터 내가 계획한 새 삶을 살겠어!"

 삶을 바꿔야겠다는 결심에 빠지지 않는 단어가 있다. 바로 "내일"이다. 그런데 이상하다.

 "내일부터"라고 말하는 순간, 그 다짐의 불씨는 금세 사그라들었다. 나는 늘 그랬다. 나만의 계획을 세우고 다짐을 해도, 실패로 끝난 날들이 반복되었다. 그렇게 실패를 경험하면서도 지금은 사회에서 '자리'라고 부를 만한 곳에 앉아 있다. 직장을 얻고, 월급을 받으며 살아가는 평범한 일상. 하지만 마음 한구석은 여전히 공허하다.

 이게 내가 원했던 삶이었나?

대학에 들어가면, 군대를 다녀오면, 취업만 하면, 그 다음은 다 잘 풀릴 거라는 말들을 믿었다. 부모님과 선생님, 심지어 친구들까지도 그렇게 말했다. 그 말들을 믿었던 나는 항상 무언가를 좇으며 살아왔다. 하지만 시간이 흐르며 깨달았다. 그 말들은 오래전부터 존재해 온 사회의 거짓말이었다는 것을. 남들이 책임 없이 내뱉은 말들이었을 뿐이라는 것을.

 그 거짓말을 믿으며 내 삶은 점점 더 괴로워졌다. 행복은커녕 끊임없는 비교와 불안 속에서 더 나은 무언가를 찾아 헤맸다. 그러다 결국 심리상담을 받고 우울증 약을 처방받으러 정신과를 찾았다. 내가 나를 외면하며 살아온 대가였다.

 내가 나를 찾아가기 위한 작은 행동들

 그 후로 나는 나 다음을 찾아가기 위해 여러 가지 행동을 시작했다. 매일 아침 고되게 느껴졌던 운동을 시작했고, 생각에 갇히지 않기 위해 책 읽기를 습관으로 만들었다. 글쓰기는 내게 가장 큰 위안이 되었다.

카페는 글쓰기에 더없이 좋은 공간이었다. 커피 향이 은은히 퍼지는 곳, 적당히 시끄러워서 고요 속의 생각을 끄집어내기 좋은 곳. 카페에서 글을 쓰다 보면 어느새 해가 지고 있었다. 사람들의 웃음소리를 듣고, 대화를 나누는 모습을 보며 사람 사는 온기를 느꼈다. 그 온기는 내 글에 작은 생명력을 불어넣었다.

내 글이 누군가의 마음에 닿기를

카페에서 쓴 글들을 나는 블로그에 올리기 시작했다. 사람들이 내 글을 보고 대화를 나눠주기를 바랐다. 유명한 작가가 되고 싶어서가 아니라, 그저 내 생각을 공유하며 누군가와 연결되고 싶었다. 하지만 글을 쓰다 보니, 나도 모르게 다른 사람들과 비교하기 시작했다. 책 속의 뛰어난 작가들과 블로그의 인기 글쓴이들. 그들의 글은 왜 이렇게 감동적이고 강렬하게 다가오는 걸까? 나도 그런 글을 쓰고 싶었다. 그 꿈을 주변 사람들에게 말했을 때, 돌아온 말은 냉담했다.

"그게 돈이 되겠어?"
"취업부터 하는 게 중요하지."
"모든 사람이 하고 싶은 거 하며 살지 않아."

그 말들은 내 열망을 점점 더 작게 만들었다. 나는 글쓰기를 좋아하면서도, 마치 죄를 짓는 것처럼 숨어서 글을 쓰기 시작했다.

"내가 글을 쓰며 살아가고 싶어 하면서 왜 남들의 말에 휘둘리는 거지?"

문득 이런 생각이 들었다. 남들이 내 꿈에 대해 뭐라고 하든, 내 삶은 내가 책임지는 것 아닌가? 꿈이 꺾이는 건 어쩔 수 없을지 몰라도, 꺾였다고 해서 그걸 방치할 필요는 없다. 다시 세우고, 다시 시작하면 된다.

꿈은 몇 번이고 꺾인다. 하지만 몇 번이고 세울 수 있다.

이제 나는 내 글을 통해 사람들에게 말하고 싶다. 꿈은 흔들릴 수 있다. 하지만 그 꿈을 다시 세울지는 당신의 선택이다. 내 글이 누군가에게 위로가 되고, 나처럼 고민 속에서 길을 잃은 누군가에게 작은 희망이 된다면 좋겠다. 그리고 당신에게 묻고 싶다.

"당신은 어떤 삶을 선택하겠는가?"

당신의 꿈이 지금 흔들리고 있다면, 그 꺾임을 두려워하지 말길. 꺾인 꿈은 다시 세우면 된다. 몇 번이고 다시 시작할 수 있다.

새로운 직장, 새로운 옷

"이젠 예전처럼 살지 않기로 했잖아."

직장이 바뀌고 나니 삶의 모습도 조금씩 변하기 시작했다. 물론 여전히 과거의 습관들이 내 일상에 남아 있지만, 분명 바뀐 것도 있다.

우선 아침마다 향하는 곳이 달라졌다. 이제는 식당이 아니라 새로운 직장으로 출근을 한다. 입는 옷도 자연스럽게 달라졌다. 식당에서 일할 때는 편한 옷이 전부였다면, 지금은 조금 더 신경 쓴 옷을 입는다. 무엇보다 대화의 내용과 마주하는 사람들이 바뀌었다.

같은 일이어도 이야기의 주제와 대화의 흐름이 달라졌다. 가끔 생각한다. 이 새로운 환경이 어머니의 끊임없는 말 덕분이었다는 것을.

"제대로 된 직장을 빨리 잡아야 한다."

그 말은 지겹도록 반복되었지만, 결국 그게 나를 움직이게 한 원동력이 아니었을까? 식당에서의 일은 분명 힘들었다. 하지만 지금은 그 시간을 견디며 나를 위해 노력하게 된 계기가 되었다고 생각한다. 어머니가 나를 바라보며 던진 말들이 없었다면, 나는 여전히 같은 자리에 머물러 있었을지도 모른다.

변화의 시작은 환경에서부터

새로운 사람이 되고 싶다면 무엇부터 바꿔야 할까? 나는 이렇게 생각한다.
"과거의 얼룩을 지우고 싶다면, 가장 먼저 환경을 바꿔야 한다."

환경은 생각보다 큰 영향을 준다. 직장을 바꾸고 난 뒤, 일하면서 느끼는 괴로움이 줄어들었다. 새로운 장소와 새로운 사람들이 나의 시선을 바꿔주었다. 물론 모든 것이 완벽하게 바뀌었다고 말할 수는 없다. 여전히 과거의 나와 싸우고 있지만, 이전보다는 확실히 달라진 삶을 살고 있다는 것을 느낀다. 그래서 요즘 나는 새로운 장소를 찾아다니는 시도를 하고 있다. 괴로웠던 시절에 자주 갔던 장소들은 피하려고 한다. 대신 긍정적인 생각이 드는 곳, 생산성이 높았던 곳을 찾는다. 그곳에서 새로운 기운을 받아보려는 것이다.

과거의 얼룩을 지우기 위한 시도

하지만 모든 것이 순조롭게 진행되지는 않는다. 몸이 안 좋아지거나 기분이 나빠지는 날에는 과거의 습관으로 다시 돌아가곤 한다.

"내일 해야겠다."
"오늘은 기분이 별로네."
"몸이 좀 안 좋은 것 같아."

이런 말들로 스스로를 타이르며 과거로 돌아가곤 한다. 하지만 중요한 것은, 나는 여전히 시도하고 있다는 점이다. 얼룩은 한순간에 지워지지 않는다. 시간이 걸리겠지만, 이전에 선명했던 얼룩들이 점점 흐려지고 있는 것을 느낀다.

환경이 바꿔준 나

나는 환경의 변화를 통해 이전과는 다른 삶을 살고 있다고 믿는다. 물론 완전히 새로워지진 않았지만, 새로운 환경 속에서 내가 조금씩 변화하고 있다는 것이 느껴진다. 그래서 나는 당신들에게도 제안하고 싶다. 만약 도저히 빠지지 않는 과거의 얼룩이 있다면, 한 번쯤 환경을 바꿔보는 것은 어떨까? 그 시작은 어렵지 않다. 좋아하는 장소를 찾아가거나, 새로운 사람들을 만나거나, 지금과는 다른 분위기의 공간에서 스스로를 마주해 보는 것. 그 작은 변화가 당신의 삶을 새롭게 만들어 줄지도 모른다. 삶을 바꾸고 싶다면, 환경을 바꾸는 것부터 시작해보자. 그 변화는 생각보다 더 큰 힘을 가지고 있다.

이걸 보다 저걸 보니 저게 갖고 싶네

"안녕하세요, 잘 부탁드립니다."

새로운 직장에 들어가자마자 내가 가장 먼저 해야 했던 일은 각 부서를 돌며 인사를 드리는 일이었다. 그날 "잘 부탁드립니다!"를 몇 번이나 말했는지 모른다. 단순한 인사말인데도 어색하기만 했다. 하지만 그보다 더 고된 순간들은 이미 차례를 기다리고 있었다. 내가 맡은 곳은 새로 지어진 건물이었다. 반짝이는 새집 냄새가 가득한 그곳에서 나는 새롭게 시작되는 업무를 배우고, 익혀야 했다. 문제는 혼자라는 사실이었다. 그 건물에는 나 혼자였고, 그곳에서의 시간은 낯설고 고독했다.

"혼자 있으셔서 좋으시겠어요!"

 다른 사무실에 근무하는 분들은 내게 이렇게 말했다. 하지만 나는 도무지 이해할 수 없었다. 정말 부러워할 상황이었을까? 내가 느낀 건 부러움과는 정반대였다. 사람들과 함께 소통하며 바쁘게 일하는 모습이 훨씬 좋아 보였다. 내가 보기에 그들은 주어진 일을 해결하며 서로 연결되어 있었다. 반면 나는 혼자였고, 매일 출근해도 나를 기다리는 건 컴퓨터와 비어 있는 건물뿐이었다. 내게 주어진 역할은 주연이 아닌 지원이었다. 하지만 주연이든 보조든, 일을 하며 내가 여기에 있어야 할 이유를 느끼는 건 똑같다고 생각했다. 문제는 내가 그런 이유를 느끼지 못했다는 것이다.

 혼자의 시간 속에서

 처음 두 달은 그야말로 막막했다. 컴퓨터 앞에 앉아 있지만, 무엇을 해야 할지 알 수 없었다. 내 마음대로 무언가를 시작하기엔 조심스러웠고, 그렇다고 아무것도 하지 않으려니 더 힘들었다.

그렇게 하루하루가 어영부영 흘러갔다. 하지만 시간이 지나면서 이런 생각이 들었다.

"누가 나를 지켜보는 것 같은 이 시선, 신경 쓰지 말자."

내가 나를 위해 무언가를 해야겠다고 결심했다. 내 노트를 펼쳐, 내가 해야 할 일들을 하나씩 적어나갔다. 한 달, 일주일, 하루 단위로 나눠 목표를 세우고, 그 목표를 향해 나아가기 위해 작은 계획들을 만들었다. 물론 그런 계획이 하루아침에 내 시간을 완전히 바꿔놓은 건 아니다. 대부분의 시간은 여전히 어영부영 흘러갔고, 성과가 없다고 느껴지는 날도 많았다. 그래도 과거처럼 막막함에 지쳐 있던 날들보다는 훨씬 나았다. 조금씩 "괜찮다", "이만하면 잘하고 있다"고 되뇌는 날들이 생겨났다. 작은 변화였지만, 그 변화는 나에게 희망을 주었다.

스스로를 채워나가는 시간

나는 여전히 혼자였다. 하지만 혼자인 시간을 견디며, 나만의 속도로 나를 채워나갔다. 그렇게 만들어낸 작은 변화들이 쌓이면서, 나는 조금씩 나 답게 살아가는 방법을 배워나갔다. 이 글을 읽는 여러분도 혹시 혼자서 막막한 시간을 보내고 있다면, 나처럼 작은 계획이라도 세워보는 건 어떨까? 목표가 크지 않아도 된다. 하루를 조금 더 괜찮게 보낼 수 있는 작은 목표를 정하고, 그것을 이루는 과정을 스스로 격려하며 지켜보는 것만으로도 충분하다.

혼자라는 시간이 힘들겠지만, 그 시간 속에서 스스로를 발견할 기회가 될 수도 있다. 그리고 그 시간이 쌓일수록, 점점 더 "괜찮다"고 말할 수 있는 날들이 늘어날 것이다.

회사원이 되면 모든 게 해결될 줄 알았어요

"정말 쉽지 않네요."

새로운 상사가 발령을 받아 팀에 합류했다. 그는 팀장님에게 업무를 배우며 힘겹게 적응해 나가고 있었다. 쓰디쓴 지적이 이어지는 가운데, 그는 나를 바라보며 멋쩍은 미소를 짓곤 했다. 겉으론 웃고 있었지만, 속은 얼마나 썩어가고 있을지 짐작이 갔다. 그 모습을 보며 문득 내 첫 출근 날이 떠올랐다. 오랜 준비 끝에 얻은 자리, 회사원이 되었을 때의 그 안도감. 내 안에서 폭죽이라도 터지는 듯한 기분이 들었던 그때.

하지만 그 설렘도 잠시, 어느새 나는 퇴근 시간을 손꼽아 기다리는 또 다른 직장인이 되어 있었다.
"직장을 잡으면 다 해결될 줄 알았어요."

나만 이런 생각을 했던 건 아닐 것이다. 한때 나는 직장만 가지면 모든 문제가 해결될 줄 알았다. 대학에 들어가면, 군대를 다녀오면, 직장을 잡으면… 세상은 그 모든 과정을 통과하면 안정과 행복이 찾아온다고 말했다. 나는 그 말을 믿었다. 하지만 지금 와서야 깨닫는다. 그 말들은 단지 오래된 사회적 환상에 불과했다는 것을. 내가 믿었던 그 말들이 거짓이라는 걸 깨닫기까지 너무 많은 시간이 걸렸다. 그리고 그 시간을 보내는 동안, 나는 스스로를 끊임없이 의심하며 살아왔다. 이게 정말 내가 원했던 삶인가? 내가 정말로 살고 싶었던 방식인가?

어쩔 수 없는 하루하루

나를 가장 힘들게 했던 건 일이 아니었다. 오히려 내 안의 질문들, 그리고 그 질문에 아무런 답도 줄 수 없는 나 자신이었다.

"바뀔 수 있다"고 스스로를 위로하면서도, 머릿속에는 여전히 같은 모습의 내일이 그려졌다. 출근하고, 힘겹게 하루를 보내고, 퇴근 시간을 기다리는 나. 직장에 대한 환상이 깨졌을 때의 허탈감은 컸다. 내가 확신했던 게 아니었다. 남들이 그렇게 말했을 뿐이다. 나는 그들의 확신에 고개를 끄덕이며 내 삶을 맡겨버렸다. 직장은 잘못이 없었다. 그저 내가 그 자리에 있었을 뿐이었다.

조용한 반항, 틈새에서 찾은 시간들

어쩌면 직장에 대한 나의 실망은 은밀한 반항으로 이어졌는지도 모르겠다. 일을 하며 틈틈이 자격증 공부를 시작했고, 관심 있는 분야에 대해 책을 읽었다. 누군가는 이런 행동을 "월급루팡"이라고 부를지도 모른다. 하지만 나에게는 스스로를 지키기 위한 작은 저항이었다. 직장이라는 틀 안에서 시간을 알뜰히 쓰며, 나는 나를 위한 무언가를 찾으려 했다. 이 삶이 온전히 내 것이 아님을 느낄 때마다, 나는 작은 목표들을 세워갔다. 그렇게라도 나 자신에게 의미를 부여하려 애썼다. 회사가 모든 것을 해결해 주지는 않는다.

그렇다고 모든 문제의 원인이 되는 것도 아니다. 중요한 건 그 틀 안에서 내가 무엇을 선택하느냐는 것이다. 나는 여전히 출근길에서 스스로에게 묻는다. "이게 내가 원하는 삶인가?" 그 질문은 쉽사리 답을 주지 않는다. 하지만 한 가지 확실한 건, 나는 여전히 무언가를 시도하고 있다는 것이다. 작은 공부든, 은밀한 계획이든, 나만의 방식으로 나를 지키려 애쓰고 있다.

이 글을 읽는 당신에게

혹시 당신도 나와 같은 질문을 던지고 있다면, 나처럼 작더라도 무언가를 시작해보라고 말하고 싶다. 회사를 다니며 답답한 순간이 찾아오더라도, 틈새의 시간을 통해 당신만의 작은 반항을 시작해 보라. 그 작은 시도가 당신의 내일을 바꾸는 첫걸음이 될지도 모른다. 회사원이 된다는 건 결코 쉬운 일이 아니다. 하지만 그 틀 안에서 내가 나를 찾아가는 시간은, 내 삶을 조금씩 더 나 답게 만들어주고 있다. 당신의 시간도 그렇게 의미로 채워지길 바란다.

출근길이 재밌는 사람도 있나요?

"앞 차는 브레이크를 왜 이리 밟아대는 거야..."

 출근길, 무심결에 툭 내뱉게 되는 말들 중 하나다. 나 역시 그랬다. 매일 아침 출근길에 오른 내 입에서 새어 나오는 투덜거림. 한두 번이 아니었다. 하지만 문득 생각했다. "왜 출근길이 이렇게까지 싫을까?"
 곰곰이 생각해 보니 이유는 간단했다.
 첫째, 싫어하는 직장에 가야 한다는 사실.
 둘째, 출근 내내 신경을 곤두세워야 한다는 스트레스.
 셋째, 사소한 일에도 짜증을 내며 점점 망가져가는
　　　 나를 마주하는 것.

출근길을 좋아하는 사람도 있다. 가끔 주변에서 보곤 했다. 그런 사람들은 대체로 자신의 일에 책임감과 애정을 가진 사람들이었다. 그들에게 출근길은 해야 할 일로 향하는 여정일 뿐, 싫어할 이유가 아니었다. 하지만 나에겐 그게 불가능처럼 느껴졌다. 시간이 갈수록 출근길은 짜증과 한숨의 연속이 되었고, 그 속에서 점점 더 부정적인 감정들만 피어났다.

부정적인 감정과의 동승

차를 타고 출근하는 나와 일하는 나는 정말 같은 사람일까? 그런 생각이 들만큼 출근길의 나는 이상했다. 스스로가 점점 낯설어지고, 그 낯섦은 결국 자기 회의로 이어졌다. "이대로는 안 된다." 그래서 마음먹었다. 어떻게든 출근길의 악순환을 끊어야겠다고. 과거 내가 부정적인 생각에 빠질 때 잠깐이나마 힘이 되었던 방법들을 떠올려보기 시작했다. 예전에 내가 힘든 시기를 견뎠던 두 가지 방법이 있었다.

첫 번째는 명상이다. 가부좌를 틀고 호흡에 집중하면, 부정적인 감정들이 몰려왔다가도 서서히 물러나는 경험을 하곤 했다. 원망과 후회 대신 감사와 겸손의 감정이 자리 잡았다. 그 힘으로 다시 하루를 시작할 수 있었다.

두 번째는 듣기다. 유튜브가 생긴 이후, "듣는다"는 건 아주 쉬운 일이 되었다. 귀에 이어폰을 꽂고, 긍정적인 메시지를 담은 영상들을 들었다. 영상 속 이야기들은 내가 해낼 수 있다는 격려와 긍정의 메시지로 가득했다. 그 말들은 내 마음에 새로운 씨앗을 심어주었다.

다시 찾은 방법들

지금의 출근길에도 그 방법들을 다시 써보기로 했다. 물론 운전 중에는 안전을 위해 한쪽 이어폰만 끼고, 꼭 주의하면서. 유튜브에서 긍정적인 내용이 담긴 영상들을 찾아 들으며 아침을 시작했다. 출근길마다 들리는 영상의 말들은 내게 희망을 줬다.

"오늘 하루도 해낼 수 있다."
"너는 충분히 잘하고 있다."

그 메시지들은 내 마음의 방향을 조금씩 바꿔놓았다. 물론 완벽하진 않았다. 어떤 날은 영상의 힘을 빌리다가도 불쑥 부정적인 감정이 찾아왔다. 하지만 점차 긍정적인 마음이 내 옆에 동승하는 날들이 늘어갔다. 평범한 출근길처럼 보이지만, 내 안에서는 조금씩 변화가 일어나고 있었다. 이전에는 퇴근 시간을 기다리는 것이 전부였던 내가, 이제는 하루를 조금 더 가볍게 시작할 수 있게 되었다.

출근길이 괴롭다면, 당신만 그런 것은 아니다. 하지만 그 시간을 조금 더 나은 방향으로 바꿀 방법은 분명 있다. 작지만 나를 긍정적으로 만들어 줄 작은 행동들, 그 시작이 바로 당신의 아침을 바꿔줄지도 모른다. 하루를 시작하는 출근길, 내 옆에 부정적인 마음 대신 긍정적인 동료를 태워보자. 그 변화는 생각보다 더 큰 힘을 발휘할 것이다.

한 번만 용기를 내보면 안 될까?

새로운 도전은 늘 가족들에게 경계 대상이었다. 안정적인 삶이 최고라는 신념을 가진 그들은 내게 늘 이렇게 말했다.

"제대로 된 직장을 먼저 잡아야지."

나는 그 말에 따르며 사는 척했다. 부족해도 나름 열심히 준비하고 있다는 모습을 보이려고 애썼다. 가족들 앞에서 안정적인 삶이 나쁘지 않다는 듯 말하며 나 자신까지 속였다. 하지만 시간이 지날수록 깨달았다. 남의 말을 따라 사는 삶은 결코 내게 만족을 주지 못한다는 것을.

도전 없는 삶은 나를 점점 지워나가는 일이었다. 그 사실을 깨닫기까지는 무려 27년이 걸렸다. 이 깨달음에도 불구하고 나는 나 다운 삶을 살기 위해 쉽게 발걸음을 떼지 못했다. 사실은 떼지 않았다. 내 안에서는 끊임없이 목소리가 들려왔다.

"용기를 내야 해."
"시작이 반이라고 하잖아."

하지만 과거의 나는 그 목소리에 귀 기울이지 않았다. 그렇게 몇 번의 고된 아픔을 지나고 나서야 나는 스스로에게 물었다.
"나 다운 삶을 위해 지금 할 수 있는 게 뭐지?"
그때 떠오른 건 '글쓰기'였다. 언제부터였을까. 나는 내 생각을 조용히 글로 써내려 가고 있었다. 집 한구석에 쌓인 노트들이 그 증거였다. 나조차 몰랐던 내 모습이 글 속에서 조금씩 드러났다. 다른 사람의 글을 읽는 것도 좋아했다. 특히 자신의 꿈을 이루며 살아가는 사람들, 삶의 아픔을 이겨내고 자신만의 길을 걷는 사람들의 이야기를 읽으며 그들을 부러워했다.

그러다 문득 깨달았다. "나도 이런 글을 써보고 싶다." 나 같은 사람도 희망이 있다는 걸 보여주고 싶었다. 나 다운 삶을 꿈꾸는 사람들에게 나도 할 수 있음을 증명하고 싶었다.

작은 첫걸음

처음엔 누구에게도 말하지 않았다. 블로그에 글을 비공개로 올리며 조용히 시작했다. 글을 쓰는 과정은 나에게 작은 보람을 주었다. 내 안에 담아뒀던 이야기들이 현실로 쌓이는 느낌이 좋았다. 그러다 조금씩 자신감이 생겼다. 내 글을 공개적으로 올려보고 싶어졌다. 무슨 주제를 써야 할지 한참을 고민했다. 내가 좋아하는 주제 중에서 자신 있게 이야기할 수 있는 것을 찾다 보니 책에 대한 이야기가 떠올랐다. 책에 대한 글을 처음으로 공개했다. 글이 완벽하지 않다는 걸 알았지만, 다른 사람들의 반응이 궁금했다. 그리고 그 반응은 조금씩 나타났다. "좋은 글이에요." 라는 댓글이 달릴 때마다 내 안의 작은 자신감이 자라났다.

꾸준히 걸어가다.

조회수가 없는 날도 있었고, 반응이 미미한 날도 많았다. 하지만 그건 중요하지 않았다. 나는 내 글을 통해 내가 할 수 있다는 걸 스스로에게 증명하고 있었다. 그리고 어느 날 문득 이런 생각이 떠올랐다.

"이거, 어쩌면 될지도 모르겠는데?"

당신도 지금 새로운 길 앞에서 망설이고 있다면, 한 번만 용기를 내보자. 그 첫걸음은 예상보다 작을 수도 있다. 하지만 그 한 걸음이 당신을 새로운 세상으로 데려다줄 것이다. 나도 아직 완벽하지 않다. 하지만 나는 나다운 삶을 살기 위한 발걸음을 멈추지 않을 것이다. 당신도 그 첫걸음을 내딛길 바란다. 언젠가 그 길 끝에서 당신만의 이야기를 들려줄 수 있기를.

나를 건져 올릴 몸부림

"남들은 이상하게 생각하겠지만, 전 해봐야 한다고
생각해요."

새로운 직장에 들어가고 나서 한 달이 지나던 무렵이었다. 그 한 달 동안, 나는 직장에서 사람들과 제대로 대화 한 번 나누지 못한 것 같았다. 새로 지어진, 깔끔한 건물 속에서 덩그러니 혼자 있는 시간이 너무 길게 느껴졌다. 도대체 내가 이곳에 왜 왔는지 의문이 들기 시작했다. 혼자 있는 게 좋지 않냐고, 배부른 소리 아니냐고 누군가는 말할지도 모르겠다. 맞다. 이제 와서 돌이켜보면, 혼자 있는 시간이 많다는 건 어쩌면 축복이었다.

고요 속에서 집중할 수 있는 환경은 분명 단점보다 장점이 더 많다. 하지만 그때의 나는 그런 사실을 알지 못했다. 나 답게 살고 싶었다. 내가 내 몫의 일을 해내고 싶었고, 사람들과 나누는 대화 속에서 뭔가를 느끼고 싶었다. 그런데 그 모든 게 쉽지 않았다. 그러다 보니, 이전에 느꼈던 회의감이 다시 떠올랐다.

마치 작년 식당에서 일할 때처럼. 단순히 소득을 위해서만 일한다는 건 왠지 허무했다. 나는 그 이상을 원했다. 일을 하면서 보람을 느끼고 싶었고, 내가 하는 일을 좋아할 수 있기를 바랐다. 문득 이런 문장이 떠올랐다.

"일을 하다 보면 잘하게 되고, 잘하게 되면 좋아지게 된다." 일본의 경영 철학가 이나모리 가즈오의 책, 『왜 일하는가』에서 읽은 구절이었다. 책에서는 저자가 세라믹 공장에서 일하던 시절의 이야기를 들려준다. 그에 비하면 나는 놀고먹는 수준 아니었을까, 싶은 생각이 들었다. 그렇지만 그 당시의 나는 그렇게 깊이 성찰하지 못했다. 그저 이 상황에서 벗어나야 한다고만 생각했다.

내 앞을 막고 선 벽을 뛰어넘을 방법을 찾아야만 한다고. 그렇게 여러 시도를 해봤다. 책을 읽고, 새로운 것들을 경험해보고, 내게 맞는 삶의 방식을 찾아보려 애썼다. 그런데도 큰 성과는 없었다. 분명 깨달음은 얻었다고 생각했는데, 내 삶은 좀처럼 바뀌지 않았다. 누군가는 그저 내가 제대로 깨닫지 못했기 때문이라고 말할지도 모른다. 인정한다. 하지만 부족했던 내가 있었기에, 지금의 나도 있다고 믿고 싶었다.

그때 문득 생각이 스쳤다.
"나 혼자 나 다운 삶을 찾는 건 너무 비효율적이지 않을까?"

세상에는 이미 훌륭한 도구들이 많다. 긴 세월 동안 사람들이 쌓아온 노하우를 책 한 권으로, 때로는 무료로 얻을 수 있는 시대다. 정보를 얻기는 쉬웠다. 그러다 우연히 한 회사를 알게 되었다. '나 다운 삶을 찾는 것'을 모토로 한다는 회사였다. 마케팅 전략일 수도 있다는 생각이 들었지만, 건전하고 내게 도움이 될 수 있다면 괜찮다고 여겼다.

그래서 무료로 제공하는 간단한 검사를 받아봤다. 사실, 2주 전에도 이 회사의 검사를 신청했었다. 하지만 그땐 이런 걸 사업으로 한다는 게 말이 되나 싶어, 결과를 확인조차 하지 않았다. 그런데 불과 2주가 지난 지금, 나는 나 다운 삶을 찾는 데 다른 사람의 도움이 필요하다는 확신을 갖게 됐다. 내게는 내가 하려는 것을 긍정해주는 사람이 필요했다. 스스로를 부정적인 생각 속에 가두는 일이 너무 잦았다.

주변엔 내 결심에 힘을 실어주는 사람이 없었고, 친구들과의 관계는 대학 졸업 후로 서서히 멀어져 있었다. 결국, 내게는 날 도와줄 누군가가 필요했다. 검사 결과를 확인한 뒤, 나는 회사 대표와 이야기를 나눴다. 온라인으로 처음 만난 대표와의 대화 속에서 느꼈다. 이 사람과 함께라면 나 다운 삶을 함께 탐구해볼 수 있지 않을까?
 물론 이번 시도도 실패할 가능성은 있었다. 그래도 해봐야 한다고 생각했다.

 "남들은 이상하게 생각할 수도 있지만, 전 해봐야 한다고 생각해요."

프로젝트를 시작하며 내가 했던 말이다. 그간의 무수한 시도들이 허무하게 느껴질 수도 있었다. 하지만 어쩌면 그것들은 모두 내가 더 나다운 삶으로 나아가기 위한 과정이었는지도 모른다. 이번에는 이전과는 다른 희망이 간절했다. 그리고 그것이 나를 다시 일어서게 만들었다.

다른 사람이 바라본 나

"이래서 내가 힘들어했구나."

프로젝트를 시작하면서 많은 걸 배웠다. 그중 가장 큰 수확은 내가 다른 사람의 시선에서 본 '나'를 객관적으로 이해하게 되었다는 점이다. 나 자신의 관점에서는 알 수 없었던 것들이 서서히 보이기 시작했다. 그 과정을 거치며 나에 대한 이해도가 높아졌고, 이런 깨달음이 내 시야를 넓혀주었다.

가장 먼저 내가 한 일은 지금의 나를 정확히 아는 것이었다. 다양한 검사들을 통해 나의 상태를 구체적으로 확인해 보았다.

스트레스는 얼마나 쌓여 있는지, 자존감은 어느 수준인지, 스스로를 어떻게 생각하고 있는지, 사회에서의 행동 패턴은 어떤지를 수치화했다. 결과를 마주한 순간, 그동안 내가 생각했던 '나'와는 괴리가 있다는 걸 깨달았다. 놀랍게도 높은 수치라곤 하나도 없었다. 모든 항목이 기준에 비해 현저히 낮았다. 이 과정에서 내가 나를 얼마나 왜곡해서 보고 있었는지도 알게 되었다.

심리학에서 종종 언급되는 '페르소나'라는 개념을 들어본 적 있을 것이다. 사회생활을 하며 우리가 자연스럽게 쓰는 가면 같은 것. 나는 내가 사회에서 보이는 모습이 본연의 나와 같다고 생각했다.

하지만 사실은 달랐다. 검사 결과를 통해 알게 된 것은 나의 본성이 감성적인 사람이라는 점이었다. 하지만 사회생활을 하면서 이런 감성을 억누르고 이성을 강조하며 살아왔다는 걸 깨달았다. 억눌린 본성은 내게 엄청난 스트레스를 주었고, 사람들과 만나고 나면 유난히 지쳐 있었던 이유도 그 때문이었다.

다양한 수치들을 보며 내가 고쳐야 할 점들이 보였다. 한두 가지가 아니라 여러 가지가 복잡하게 연결되어 있었다. 예를 들어, 자존감이 낮으니 스트레스 관리가 되지 않았고, 자기 결정력이 부족한 것도 이와 연관이 있었다. 의존성이 높은 것도 그 결과였다. 커리어 측면에서도 문제는 비슷했다. 재무적 결정을 내리는 데 어려움을 느꼈고, 네트워킹을 통한 기회를 발견하거나 친분을 쌓는 데 익숙하지 않았다.

장점도 있다

그렇다고 단점뿐이었던 건 아니다. 내가 가진 강점도 분명 있었다. 책임감, 목표를 설정하고 계획을 세우는 능력, 타인의 입장을 이해하는 공감 능력, 상황을 모니터링하고 수정하는 능력 등이 그것이었다. 완벽한 사람은 없다는 걸 알지만, 내가 가진 단점의 무게가 크다고 느꼈기에 내 삶이 평안하지 않았다는 것도 깨달았다.

그래도 지금이라도 이런 문제들을 발견했다는 사실이 위안이 되었다. 스스로를 고치기 위해 노력할 수 있고, 이번엔 도움을 받을 기회가 생겼다는 점이 특히 그랬다. 혼자서도 나아지기 위해 애쓸 수 있지만, 누군가 옆에서 도와준다면 그 과정이 훨씬 수월할 것이다.

이제야 나는 조금씩 괜찮아질 수 있다는 믿음이 생겼다. 그리고 그 믿음은 나를 움직이게 한다. 스스로를 더 잘 알고, 더 나은 방향으로 바꾸기 위해 한 번쯤 스스로를 객관적으로 들여다보는 시간을 가져보길 권한다.

내가 생각하는 '나'와 진짜 '나' 사이의 간극을 발견하는 순간, 당의 삶에도 새로운 변화가 시작될지 모른다. 혼자서 해내려 애쓸 필요 없다. 때로는 도움을 받는 것도 스스로를 성장시키는 중요한 선택이니까.

또 주저앉는 거야?

"툭하면 징징대고 투덜대는 거 저도 알고는 있는데요."

프로젝트가 점점 진행될수록 나는 나 자신에 대해 깊이 탐구하고 있었다. 이번에는 혼자가 아니었다. 나와 함께 나의 내면이라는 광산으로 들어가 준 조력자가 있었다. 혼자서 스스로를 탐구하는 것과 다른 사람의 피드백을 통해 나를 알아가는 건 분명 달랐다. 혼자라면 모든 것을 혼자 판단해야 한다. 내 생각만으로 모든 것을 결론지을 수밖에 없다.

하지만 다른 사람의 관점을 더하면 내가 보지 못했던 시각을 얻게 된다. 그렇게 다양한 생각들이 조금씩 쌓여갔다. 이 과정이 특별했던 이유는 그뿐만이 아니었다. 무엇보다 나 자신에게 솔직할 수 있었다. 미리 생각을 걸러내지 않고 있는 그대로의 나를 볼 수 있었다. 나 다운 나를 찾는 데 거짓이 끼어들 여지는 없었다. 만약 거짓된 무언가가 있다면, 그건 내가 다른 사람의 시선을 의식한 결과일 뿐이었다. 과거의 거짓된 나로 돌아가는 것을 막으려면 옆에서 내 행동을 객관적으로 봐줄 사람이 필요했다. 그래서 피드백이 중요한 것이다. 나에 대한 탐구를 통해 드러난 나의 단점들은 여전히 많았다. 그런 단점들이 내가 그동안 외면했던 문제들의 본모습임을 마주해야 했다. 내 단점들을 하나로 모아 표현하자면, 아마도 이런 말로 정리될 것이다.

"나 자신을 믿지 못한다."

나는 나를 의심했고, 그래서 제대로 시도해 본 것이 없었다. 시도하지 않았기에 결과도 없었고, 결과가 없으니 내가 무엇을 할 수 있을지 스스로 되묻고는 했다. 그렇게 또다시 포기했다.

그 악순환을 끊어야 했다. 내가 나를 믿고, 새로운 목표에 도전할 수 있어야 했다. 누군가는 이렇게 묻겠지만, "그게 무슨 대단한 문제라고?"

하지만 나는 스스로를 정면으로 마주한 적이 없었다. 내가 보고 싶은 모습만 보고 "나는 괜찮다"고 믿어왔다. 정작 괜찮지 않은 부분들은 철저히 외면해왔다.

27년간 외면했던 나를 이제는 마주하기로 했다. 처음 해보는 일이 어렵듯, 나를 있는 그대로 직면하는 시간들은 낯설고 불편했다. 포장 없는 나, 솔직한 나를 보는 건 힘든 일이었다.

하지만 이번에는 포기하지 않았다. 나에 대해 서슴없이 말해줄 수 있는 사람이 옆에 있었다. 내 부정적인 생각과 갇힌 사고방식을 바로잡아 줄 사람이 생겼다. 물론 단순히 조언만 받는 것이 아니었다. 나를 직면하면서 알게 된 문제들을 해결하기 위해 행동으로 옮겨야 했다.

"과연 내가 할 수 있을까?"

솔직히 그 과정은 쉽지 않았다. 스스로를 믿지 못했던 과거의 내가 끊임없이 고개를 들었다. 하지만 나는 다짐했다. "이전과는 다르게 살고 싶다. 또다시 그 힘들던 시절로 돌아가고 싶지 않다." 과거의 습관과 사고가 떠오를 때마다, 나는 이런 생각으로 버텼다.

"내가 노력하는 이유는 이전과는 다르게 살고 싶어서야." 물론 27년간 쌓여온 생각과 행동을 하루아침에 바꾸는 것은 버거운 일이었다. 과정은 쉽지 않았고, 매일 아침 기록을 남길 때마다 느껴지는 건 보람이나 행복이 아니라 힘겨움과 의심이었다.

"이렇게 하는 게 맞나? 정말 변화하고 있는 걸까?"
결국 내 머릿속은 부정적인 생각들로 가득했다. 그런 와중에도 나는 내가 해보지 않았던 행동들을 일부러 골라 시도했다. 예전에는 하지 않았을 행동들을 억지로도 했다. 변화하기 위해서였다. 어느 날, 조력자는 내게 강한 한마디를 남겼다. "우리는 나 다운 삶을 찾아가는 과정에 있는 것이지, 심리 상담을 하려는 게 아니예요."

그 말은 나에게 정신이 번쩍 들게 했다. 나는 스스로 새롭게 바뀌었다고 믿었지만, 실상은 아무것도 달라지지 않은 채로 여전히 과거의 습관에 의존하고 있었다.

나는 내가 외면했던 진실을 처음으로 마주했다. 과거에도, 지금도 나는 같았다. 변화라고 믿었던 것들이 사실은 또 다른 외면이었다는 깨달음은 마음을 찢어놓았다. 하지만 그 순간 나는 결심했다.

"다리가 아프다고 누군가를 계속 붙잡고 있으면 안 된다. 이제는 나 스스로 서야 한다."
그렇게 나는 다시 시도하기 시작했다.

사람이 좀 흔들릴 수도 있죠.

"왜 내 맘처럼 안 되지? 다 엎어버릴까…"

내가 이 말을 툭 내뱉었던 날들이 셀 수 없이 많다. 그렇다. 수도 없이 많았다. 그래서 내가 이런 말을 자주 한다고 지겹게 느낀다면 미안하다. 하지만 이것이 곧 내가 얼마나 많은 시도와 시행착오를 겪었는지, 그리고 그 과정에서 좌절하고 실망하고, 잠시 감동하고 다시 넘어지기를 반복했는지를 보여주는 말임을 이해해주었으면 한다. 나는 어릴 적부터 내 말보다 남들의 말을 더 믿으며 자랐다. 내가 하고 싶은 것이 있어도 좀처럼 시작하지 못했다.

가까스로 시작하더라도 몇 발자국 내딛기 전에 다른 사람들이 툭 던지는 말이나 내 안에서 스스로 나오는 부정적인 생각들에 발목을 잡혔다. 그렇게 무언가를 제대로 해내지 못하며 시간은 흘러만 갔다. 지금 와서 생각한다. 만약 그때 누군가가 내게 이렇게 말해줬다면 어땠을까?

"사람이 좀 흔들릴 수도 있죠."
"하다가 잘 안될 수도 있죠."
"그래도 당신이 하고 있는 건 전혀 의미 없는 게 아니에요. 포기하지 마요."

그랬다면 나는 다른 삶을 살 수 있지 않았을까? 흔들리는 순간들은 하루에도 몇 번씩 찾아왔다. 아니, 과장을 보태어 수백 번은 온 것 같다. 그럴 때마다 나를 붙들고 싸웠다. 바로 이 글을 완성하기 위해서였다. 사실, 나는 가족을 포함해 누구에게도 내가 글을 쓰며 사는 삶을 꿈꾼다는 얘기를 하지 못했다. 남들이 툭툭 던지는 부정적인 말들이 두려웠기 때문이다.

그래서 애초에 나를 흔들 수 있는 요소를 제거하려 했다. 다른 사람들의 말 대신, 나를 응원하고 지지하는 목소리들에만 귀를 기울이기로 했다. 내 글을 읽은 누군가가 남긴 따뜻한 댓글, 작은 긍정의 말들은 그날 하루를 견디게 하는 원동력이 되었다. 그런 응원들을 접할 때마다 포기하지 않겠다는 의지가 생겼다.

나는 이제 안다. 긍정적인 말들이 나를 앞으로 나아가게 한다는 걸. 반대로, 부정적인 말들은 나를 뒷걸음질 치게 하고, 과거로 되돌아가게 만든다는 걸. 그래서 과거의 어리석은 습관으로 돌아가지 않기 위해 애썼다. 흔들린다고 해서 예전처럼 당황하지 않기로 했다. 지금의 나는 흔들리는 것 자체를 자연스럽게 받아들이기로 했다.

마치 일상에서 느껴지는 가벼운 산들바람처럼 말이다. 그렇다고 여전히 내가 흔들리지 않는 건 아니다. 아직도 나를 흔드는 바람이 불어올 때는 어찌할 바를 모르기도 한다. 하지만 이제는 평정심을 되찾는 연습을 반복하며 조금씩 나아지고 있다.

"사람이 흔들릴 수도 있죠."

이 말을 이제는 내가 스스로에게 해줄 수 있게 되었다. 나를 채찍질하며 자책하는 순간들은 줄어들었고, 나를 격려하고 다독이는 시간이 늘어났다. 그렇게, 나는 조금씩 마음을 단단하게 만들어가고 있었다.

계속하고 있다는 것은 잘하고 있다는 것입니다.

"무슨 생각을 해요? 그냥 하는 거지."

이제는 너무 유명해진 말이다. 김연아 선수가 운동하는 모습을 담은 다큐멘터리에서 나온 대사다.
"운동할 때 무슨 생각을 하면서 하세요?"
진행자의 질문에 김연아 선수는 이렇게 답했다.
"무슨 생각을 해요? 그냥 하는 거지."

이 간단한 대답은 듣는 사람에게 깊은 울림을 준다. 사람은 하루에 평균 6만 5,000가지의 생각을 한다고 한다.

그중에는 "오늘 점심 뭐 먹지?" 같은 사소한 고민도 있지만, "내가 이 일을 하는 게 맞을까?" 같은 깊은 질문도 있다. 그런데 놀랍게도, 사람은 긍정적인 생각보다는 부정적인 생각에 더 끌린다고 한다. 인류학자들은 이것이 먼 과거 우리의 생존 본능에서 비롯된 습관이라고 설명한다. 과거의 인간은 위험을 회피해야 살아남을 수 있었다. 맹수를 경계하고, 독이 든 열매를 피하며, 누군가의 배신을 의심해야만 생명을 이어갈 수 있었다.

그때의 본능은 여전히 우리의 유전자 속에 남아 있다. 하지만 현대 사회에서는 더 이상 그렇게 극단적인 생존 위협이 없다. 오히려 이런 부정적인 생각은 우리의 일상에 방해가 된다. 내가 어떤 일을 하려고 할 때마다 의심과 두려움이 먼저 떠오르는 것도 이 때문이라고 생각하면 조금은 나를 이해하기 쉬워질 것이다.

이런 사실을 안다고 해서 부정적인 생각이 사라지는 건 아니다. 나 역시 하루에도 몇 번씩 부정적인 생각들과 씨름하며 산다. 하지만 그럴 때마다 스스로에게 묻는다.

"계속하고 있다는 건 잘하고 있다는 거야."

이 문장은 내가 스스로를 다잡기 위해 찾은 나만의 말이다. 밥을 짓는 상황을 떠올려보자. 밥솥 안에서 밥이 잘 되고 있는지 궁금하다고 중간에 뚜껑을 열어본다면, 그 밥은 제대로 되지 않을 가능성이 높다. 뜸이 들 때까지 기다려야만 밥이 완성된다. 하지만 중간에 열어본다면, 그 순간 결과를 망칠지도 모른다. 우리가 하는 일도 마찬가지다. 아직 끝나지 않은 일을 두고 스스로를 의심하기 시작하면, 부정적인 생각은 결과를 왜곡하기 시작한다. 중요한 것은 기다림과 인내다.

부정적인 생각을 넘어서기 위한 마음가짐

내가 중요하게 여기는 일일수록, 그런 부정적인 생각들은 더 자주 찾아온다. 하지만 그 생각들과 싸우며 계속 나아가는 과정이 필요하다. 눈덩이를 굴리는 것처럼, 계속해야만 점점 커질 수 있다. 한 방울의 물방울도 계속 떨어지면 단단한 돌을 쪼갤 수 있다.

우리가 작은 발걸음을 멈추지 않고 이어간다면, 언젠가는 우리가 상상했던 결과에 가까워질 수 있을 것이다. 혹시 지금 부정적인 생각 때문에 지치고 있다면, 한 가지 문장을 떠올려 보길 바란다. 나처럼 당신도 당신만의 문장을 찾아보면 좋겠다. 그 문장은 당신의 발걸음을 계속 내딛게 만들고 당신을 응원하는 가장 가까운 친구가 되어줄 것이다.

"계속하고 있다는 것은 잘하고 있다는 것입니다."

이 말처럼, 지금 당신이 멈추지 않고 있다면, 이미 충분히 잘하고 있는 것이다.

마음에 문지기는 없다.

"왜 또 우울해 하나?"

사람이라면 감정에서 완전히 벗어나 살 수는 없을 것이다. 감정은 늘 우리와 함께 있고, 때로는 우리를 압도한다. 나는 감정 때문에 내 진심에서 비롯된 행동들마저 옳지 않다고 판단하곤 했다.

내 감정보다 다른 사람의 감정이 더 옳다고 여겼다. 그러면서 내 생각과 마음을 스스로 짓밟는 시간을 참 많이도 보냈다. 이 글을 읽는 당신에게 묻고 싶다.

"혹시 당신은 감정에 삼켜져 살고 있지 않나요? 아니면 감정을 존중하고 그것을 적절히 활용하며 살아가고 있나요?"

내가 경험한 바로는, 전자보다는 후자가 훨씬 더 나은 삶으로 이어진다고 자신 있게 말할 수 있다. 짧은 인생이지만 감정에 삼켜져 산다는 것이 내게 어떤 결과를 가져다줬는지 충분히 배웠다. 그 삶에서 벗어나야만 한다고, 나는 스스로에게 강하게 외쳤다. 내 삶을 되돌아보면 한 가지 공통점이 있다. 과거의 나는 감정을 존중하기보다는 감정 안에 한없이 삼켜진 채 살아왔다. 아니, 더 솔직히 말하자면 감정 속에 완전히 절여진 상태였다. 그럴 수도 있다. 어릴 땐 뭘 모르니까. 하지만 문제는 그런 습관이 성인이 되어서도 나를 계속 따라다니며 괴롭혔다는 점이다.

어릴 적, 부정적인 감정이 찾아오면 나는 그 감정에 빠져 허우적대기 바빴다. 벗어나려고 애쓰기보다는 그 감정에 온전히 잠식되었다. 그런 시간이 한참 흐른 뒤에야 가까스로 그 감정에서 벗어날 수 있었다.

하루가 멀다 하고 나는 나 자신에게 벌을 줬다. 심지어 몸에 칼을 대는 극단적인 선택까지 한 적도 있다. 부정적인 감정은 나를 선동했고, 나는 그 감정에 의해 끌려다녔다. 그러나 나는 깨달았다. 감정을 존중하는 것은 곧 나를 존중하는 일이라는 것을.

나는 부정적인 감정을 "못난 감정"이라 이름 붙였다. 그리고 그런 감정을 느끼는 내가 잘못된 사람이라며 스스로를 꾸짖었다. 그 감정을 느낀 내게 벌을 주고, 그런 나를 하찮게 여겼다. 결국 나를 더 깊은 나락으로 몰아갔다. 하지만 이제는 달라졌다. 내게 찾아오는 감정들의 이름을 하나하나 불러준다. 그리고 그 감정이 내 마음에서 떠나고 싶을 때까지 기다려준다.

이 사고방식은 불교에서 배운 것이다. 부처님은 두려움이라는 감정에 대해 이런 조언을 하셨다. "감정이 찾아오거든 그 감정에게 차를 한 잔 대접해 주어라. 그리고 감정이 차를 마시고 갈 때까지 충분히 기다려 주어라."

이 조언을 알기 전까지 나는 감정을 무조건 가려서 받았다. 기분 좋은 감정은 두 팔 벌려 환영했다. 반면, 부정적인 감정은 철저히 내쫓으려 했다. 그 감정이 내게 찾아온 것조차 내 잘못이라며 자신을 탓했다. 하지만 지금은 다르다. 나는 감정이 내 마음에 들어오면 그 감정을 막으려 하지 않는다. 감정의 이름을 정확히 불러주고, 차 한 잔 대접하듯 그 감정을 대한다. 그리고 그 감정이 떠날 때까지 기다려준다.

이제는 안다. 모든 감정은 내가 숨 쉬는 동안 늘 곁에 존재한다는 것을. 이 글을 읽는 사람들은 나와 같은 실수를 하지 않았으면 한다. 감정은 옳고 그른 것이 아니다. 그것은 그냥 오는 것이다. 감정을 억지로 쫓아내려 하지 말고, 감정이 떠날 때까지 그저 기다려주길 바란다. 이것이야말로 나답게 살아가는 데 꼭 필요한 덕목이라고 나는 믿는다.

혹시 감정 때문에 괴로웠던 적이 있다면, 이 주제에 대해 한 번쯤 생각해보면 좋겠다. 당신 마음의 문지기를 내려놓고, 감정이 있는 그대로 머물다 갈 수 있도록 말이다.

이젠 넘어지는 것을 당연하다고 생각해요.

"어째서 매일 내 기분이 좋아야 한다고 생각하지?"

과거의 나는 내 감정에 너무도 민감했다. 특히 다른 사람들의 반응에서 부정적인 느낌을 받을 때면 하루 종일 그 감정에서 벗어나지 못했다. 내게는 기분이 좋을 때만 삶이 제대로 된 것처럼 느껴졌다.

하지만 그런 생각은 결국 나를 고립시켰다. 부정적인 감정을 견디지 못하는 나는 나 자신은 물론이고, 소중한 사람들에게까지 상처를 줬다.

그 상처는 되돌릴 수 없었고, 나는 두고두고 후회하며 어리석은 되새김질에 빠졌다. 그 결과, 삶의 목표는 단순해졌다. "기분이 좋아야 한다. 항상 즐겁고 행복해야 한다." 그 믿음은 결국 나를 무너뜨렸다.

달콤함만을 쫓던 결과

세상은 단맛만 있지 않았다. 시어도 맛이고, 짜도 맛이었다. 세상은 단 한 번도 단맛만이 진리라고 가르친 적이 없었다. 내가 스스로 단맛만을 쫓았던 것이다. 이 깨달음은 너무도 늦게 찾아왔다. 그동안 쌓아온 상처는 나를 힘겹게 만들었다. 새로운 나로 살아가고 싶어도 과거의 내가 했던 실수들이 발목을 잡았다. 그때, 컨설팅을 함께 하던 대표님의 말들이 나를 깨우는 계기가 되었다.

"왜 항상 기분이 좋아야 한다고 생각하지?"

그 질문은 내가 너무 오랜 시간 잘못된 믿음을 품고 살아왔다는 걸 알게 했다.이후, 나는 내 생각을 고쳐먹기 시작했다.

힘들 수도 있다는 것을, 실패할 수도 있다는 것을, 모든 것이 잘되지 않을 수도 있다는 것을 받아들이기 시작했다. 힘든 순간들이 와도 이제는 그 감정을 인정하고 지나간다. 그런 순간들이 오더라도 해야 할 일에 집중할 수 있는 힘이 생겼다. 과거의 나는 힘든 일이 생기면 그 감정에 휘말려 모든 것을 무너뜨렸다. 하지만 지금은 다르다. 힘들어도, 잘 안 돼도, 그럴 수 있다고 생각하며 다시 일어선다.

포기하지 않기 위한 다짐

내가 좋아하는 일조차도 잘 안 될 때가 있다. 특히 글을 쓸 때 그렇다. 내가 쓴 글이 누군가에게 좋은 영향을 줄 수 있을지 확신하지 못할 때, 스스로를 의심하고 포기하고 싶은 순간이 수도 없이 찾아왔다. 하지만 지금은 그런 순간이 와도 피하지 않는다.

"힘들 수도 있다. 잘 안될 수도 있다."
"하지만 괜찮다."
이 생각을 되새기며 다시 펜을 잡는다.

글을 쓰는 동안 몰입의 순간이 찾아오는 경우가 있다. 그런 순간을 경험할 때면 내가 진정 살아있다고 느낀다. 하지만 몰입은 기다림 없이는 오지 않는다. 글이 잘 써지지 않아도 영감이 올 때까지 기다리며 계속 써본다. 그렇게 포기하지 않고 썼던 순간들이 쌓여 지금의 나를 만든다.

삶은 단맛만이 아니다. 때로는 시고 쓰고 짠 순간도 찾아온다. 하지만 그 모든 맛이 어우러질 때 비로소 삶은 풍성해진다. 넘어지는 것을 당연하게 여겨보자. 넘어졌다는 건 여전히 앞으로 나아가고 있다는 증거다. 그리고 그 발걸음이 결국 당신을 원하는 곳으로 데려다줄 것이다.

결과보다는 좋아하는 것 자체를 즐기는 행복

"남들이 뭐라든 그냥 이걸 하는 게 좋아요."

이제는 이렇게 말할 수 있는 것들이 생겼다. 하지만 한때는 결과만을 쫓던 시절이 있었다. 안정적인 직장, 겉으로 보기 좋은 모습, 사회에서 인정받는 모습들에 한없이 갈망했던 시절이었다. 그런 결과만이 옳고 좋은 것이라고 믿었다. 하지만 그 시간을 되돌아보며 느끼는 감정은 명확하다.

"정말 괴롭고 불편했다."

이 말 한마디면 충분할 정도다. 결과만을 쫓으며 살았던 시간들은 내게 마음의 짐만 계속 늘려놓았다. 그럼에도 아직도 그럴듯한 겉모습에 흔들릴 때가 많다. 그것이 아무 의미 없다는 것을 머리로는 알지만, 사회가 만들어 놓은 사고방식에서 벗어나기란 정말 쉽지 않다.

나도 모르게 다시 그 틀에 갇힌 채 허우적거리는 나를 발견한다. 이것이 의미 없다는 것을 나는 단번에 깨닫지 못했다. 내가 진정 원하는지도 모르는 "좋아 보이는 것들"을 쫓아보며 깨달은 것이다. 그것들을 쫓으면 쫓을수록, 내 마음의 부담은 더 커져만 갔다. 그 부담은 세 가지로 정리할 수 있다.

- 경제적 부담
- 열등감
- 초라함

"황새 따라가다 뱁새 가랑이 찢어진다."

어쩌면 촌스러운 속담일지도 모르겠지만, 내겐 딱 들어맞는 말이다. 사람들이 좋아 보인다고 말하는 것에 혹해 무작정 쫓아가다 보면, 가장 먼저 무너지는 건 바로 나 자신이다. 내게 정말 필요한지, 진정으로 원했던 것인지 고민할 여유조차 없이 그저 "저걸 가지면 행복할 거야"라는 생각만 가득하다.

그렇게 믿고 달려들지만, 원하는 것을 이루지 못하는 경우도 많고, 이뤄낸다고 해도 잠깐의 만족뿐이다. 그리고 곧 더 높은 목표나 더 좋은 것을 찾기 시작한다. 끝이 없다. 만족도 없다. 그 굴레에서 벗어나는 길은 결국 두 가지 중 하나다.

- 내 다리가 찢어져도 계속 따라간다.
- 이 모든 행동이 부질없다는 것을 인정하고, 내가 진정으로 원하는 것이 무엇인지 돌아본다.

나는 후자를 선택했다. 그리고 이런 질문들을 스스로에게 던져보았다.

- 남들의 시선이 없다면 내가 가장 좋아하는 건 뭐지?
- 내가 했을 때 가장 만족스러웠던 일은 뭐지?
- 내가 정말 행복했던 순간은 언제였지?

이 질문에 답을 내리는 데 많은 시간을 썼다. 사회의 기준에 맞추려고 했던 시간보다 더 긴 고민의 시간이 필요했다. 처음에는 내가 좋아한다고 믿었던 것들 안에도 다른 사람들의 시선에 대한 집착이 섞여 있다는 것을 알아차리기 어려웠다.

운동이 그랬다. 운동은 내가 좋아서 시작한 일이었다. 하지만 시간이 지날수록 남들에게 좋게 보이고 싶다는 마음이 동기가 되었고, 그 욕심이 과도한 운동과 강박으로 이어졌다. 나를 위해 시작한 운동이 어느새 나를 갉아먹는 일이 되어버렸다. 지금도 글쓰기를 할 때 스스로 경계하려 한다. 글을 잘 쓰고 싶다는 욕심보다는 글을 쓰는 과정을 즐기고 싶은 마음이 글쓰기의 본래 이유라는 것을 잊지 않으려고 한다.

글을 쓰다 보면 어느 순간 주변의 소리가 들리지 않고, 글에만 몰입한 나를 발견한다. 그렇게 한 가지에 몰입하며 시간을 보내는 그 자체가 행복이다.

글쓰기는 내게 결과가 아니라 과정에서 오는 즐거움의 소중함을 가르쳐 주었다. 결국, 내가 깨달은 것은 이것이다. 결과는 순간의 만족을 줄 수 있지만, 내가 진정 좋아하는 것을 하는 과정은 나를 진짜로 행복하게 만든다.

#3

[다 저마다의 때가 있다]

되돌아갈 길은 없어 보인다.

 퇴근 후 자연스럽게 카페로 향하던 어느 날, 문득 이런 생각이 들었다. "이젠 글쓰기가 내 삶의 일부가 되었구나." 그 순간, 나는 깨달았다. 더 이상 다른 사람들의 목소리를 내 마음보다 우선하지 않는다는 사실을.

 비로소 내 마음의 목소리에 귀 기울이는 법을 배워가고 있었다. 내가 꿈꾸는 삶을 이루기 위해, 몇 가지 태도를 반드시 버려야 했다.
- 타인의 시선을 내 의견보다 우선시하는 것.
- 내가 원하는 모습이 될 수 없다고 단정 짓는 것.
- 내가 만족하지 않는 삶에 스스로 동의하는 것.

이런 태도들은 매번 나를 가로막았다. 하지만 이를 바꾸기 위해 수없이 부딪히며 노력했다. 그리고 내가 했던 가장 큰 변화는 '환경'을 바꾸는 것이었다.

2023년은 내게 가장 힘들었던 해였다. 그해, 내가 가장 많은 시간을 보낸 곳은 식당과 집이었다. 식당은 부모님께 소중한 공간이었지만, 내겐 오래 머물고 싶지 않은 곳이었다. 집은 말 그대로 '쉬는 곳'이었다. 하지만 그 쉬는 시간이 내게는 게으름으로 느껴졌다. 침대에서 벗어나지 않으려는 내가 너무도 싫었다. 운동을 해도, 책을 읽어도, 카페에 가서 시간을 보내려 해도 부정적인 감정은 쉽게 사라지지 않았다.

오히려 그런 행동조차 하지 않으면 내가 더 최악이 될 것 같은 기분이 들었다. 부정적인 생각으로 가득 찬 나는 결국 상담소를 찾았고, 정신과에도 가게 되었다.

그리고 깨달았다. 내가 힘들었던 가장 큰 이유 중 하나는, 나 자신을 파괴적인 환경 속에 방치하고 있었다는 사실이었다.

새로운 환경, 새로운 생각

 일하는 환경이 바뀌면서 내 삶에도 변화가 찾아왔다. 새로운 직장에서 더 많은 시간을 보내게 되면서, 과거와 같은 부정적인 감정의 빈도는 점차 줄어들었다. 물론 여전히 집에만 있을 때면 과거의 기억이 떠올라 힘든 순간도 있었다. 하지만 그런 날조차 이전보다는 조금 더 견딜 수 있었다. 카페에서 시간을 보내는 습관도 생겼다. 혼자서 글을 쓰고, 생각을 정리하며 새로운 태도를 키워갔다.

- 타인의 시선보다 내 의견을 더 귀하게 여기기.
- 내가 원하는 모습에 가까워질 수 있다고 믿기.
- 언젠가 내 삶에 만족할 수 있는 순간이 올 것이라고 기대하기.

 이런 생각들은 내가 만들어낸 것이 아니라 이미 많은 사람들이 말하고 있었다. "목표를 이루기 위해서는 목표를 이루기 쉬운 환경에 가야 한다."

되돌아갈 길은 없다

 내가 원하지 않는 삶으로 다시 돌아가는 길은 없었다. 내가 가고 싶은 삶의 방향을 만들기 위해, 환경을 바꾸고 작은 행동들을 반복하는 것이 중요했다.
 과거의 부정적인 생각들에 잠식되지 않으려면, 내 주변을 내가 원하는 삶에 맞게 조정해야 한다. 그런 환경 속에서 내가 계속 반복하며 나아가다 보면, 언젠가는 꿈꾸던 삶에 도달할 수 있을 것이라고 믿는다. 그러니 여러분도 자신을 파괴하는 환경에 머물지 말길 바란다. 원하는 삶을 향해 내딛는 발걸음은 작더라도, 그 반복이 당신을 더 나은 곳으로 데려다줄 것이다.

모두 각자의 짐을 지고 있다.

"Everyone has their own baggage."

책을 쓰면서 많은 사람들과 대화할 기회가 있었다. 다양한 이야기를 들으며 때로는 이런 생각을 했다. "그런 고민을 하고 있었다니요?" 겉으로 보기에는 아무 문제 없어 보였던 사람들의 이야기가 의외로 깊은 고민에서 비롯된 경우가 많았다.

특히, 내가 일하면서 만난 한 분이 기억난다. 그녀는 들어온 지 얼마 되지 않은 나와는 달리 업무를 유연하게 처리하고 있어 내가 보기에는 굉장히 유능해 보이는 분이었다.

속으로 "이 분은 아무 고민 없이 잘 지내는구나"라고 생각했었다. 그런데 그녀와 대화를 나눌 기회가 생겼다. 내가 물었다.

"일하실 만하세요?"

그녀는 이렇게 답했다.

"그냥 할 만해요. 근데 일이 좋고 싫은 게 어딨겠어요. 그냥 하는 거지."

마냥 긍정적인 대답을 기대했던 나로서는 의외였다. 그녀의 말은 나쁘게 들리지 않았지만, 그녀가 나름의 고민을 안고 있다는 것을 깨닫게 해주는 순간이었다.

그녀는 덧붙였다.

"아는 분의 권유로 다른 곳에 갈 기회가 생겼는데, 준비를 해야 할지 말아야 할지 고민이에요."

그 말을 들으며 조금 놀랐고, 한편으로는 고마웠다. 그녀가 자신의 고민을 내게 털어놓았다는 사실이, 나를 믿고 이야기를 나눠도 괜찮은 사람으로 봐줬다는 점이 특히 고마웠다. 그리고 나는 깨달았다. 고민 없는 사람은 세상에 없다는 것을.

그 대화 이후로 한 가지 생각이 떠올랐다.

"혹시 내가 고민이 있다는 이유로 다른 사람들을 함부로 대했던 건 아닐까?"

나는 걱정이 많고, 부정적인 감정에 자주 빠져들곤 한다. 그런 순간마다 내뱉은 말들과 행동들이 나중에 후회로 돌아오곤 했다. 가족들에게, 친구들에게, 심지어 후배들에게도 그런 감정에 휩쓸려 상처를 주는 말을 했던 기억이 떠올랐다. 그렇기에 이런 생각을 마음속에 새기기로 했다.

"내가 가진 고민이 보잘 것 없다는 뜻이 아니다. 하지만 다른 사람들도 각자 저마다의 고민을 지고 살아간다.

내 고민에서 비롯된 부정적인 감정이 나를 힘들게 할 수는 있다. 다만 그 감정 때문에 다른 사람을 존중해야 한다는 사실을 잊지 않았으면 한다."

이것은 나에게도, 이 글을 읽는 독자들에게도 꼭 전하고 싶은 이야기다. 나는 나 다운 삶을 꿈꾸는 과정에서 무수한 고민들과 마주했다. 글을 쓰는 삶을 준비하는 동안에도 부정적인 감정에 휘둘리는 날이 많았다. 내가 고민이 있다는 이유로 누군가에게 기대고 싶었던 적이 한 두 번이 아니었다. 나는 부끄럽게도 종종 티를 냈던 것 같다.

스스로가 기대어야 할 사람이 되기보다는, 오히려 그 반대의 행동을 했다. 되돌아보면 참 부끄럽다. 하지만 그 경험 속에서 중요한 깨달음을 얻었다.

"내가 나 다운 삶을 살면, 마음의 여유를 가질 수 있을 것이다."

내 마음이 여유로워야 다른 사람들에게도 기댈 수 있는 공간을 마련해줄 수 있다. 물론 이렇게 반문할 수도 있겠다.

"마음에 여유가 없어도 나눠주면 되는 것 아닌가요?"

그러나 과거의 나는 그럴 수 없었다. 내 마음엔 여유가 전혀 없었다. 나 답게 살고 있다는 느낌조차 없었다. 사람들을 존중하기는커녕 함부로 대했던 순간들이 너무도 많았다.내가 깨달은 것은 이렇다.

"내 마음이 여유로워지는 것은 나를 위해서도, 다른 사람을 위해서도 반드시 필요한 일이다."

그러기 위해서는 나 다운 삶을 만들어가는 과정이 반드시 필요하다. 나 답게 살아가는 것이 내 마음의 여유를 키우는 첫걸음이다. 모두 각자의 짐을 지고 살아간다. 우리가 서로의 짐을 조금 더 이해할 수 있다면, 그리고 스스로를 더 존중할 수 있다면, 삶은 더 나아질 것이다.

전 이렇게 생각해요

"엄마, 아빠를 닮은 면이 있으니까 너도 잘할 거야!"

가끔 부모님께 듣는 이 말은 나를 다독이는 응원의 말로 다가오기도 했다. 그 말을 들으면 부모님의 사랑과 믿음이 느껴져 감사한 마음이 든다. 하지만 동시에 이런 생각도 들었다.

"내가 부모님을 닮지 않은 부분은 어떡하지?"
"그것도 나 답지 않은 걸까?"

부모님이 잘하셨던 것을 나도 잘할 때가 분명 있었다. 부모님에게 물려받은 재능이나 성향은 과학적으로도 설명 가능한 부분일 것이다. 하지만 시간이 흐를수록, 나란 사람은 부모님과는 또 다른 고유의 모습을 가지고 있다는 걸 점점 더 깨닫게 되었다.

닮은 점과 다른 점, 그 모두를 인정하기

나는 부모님과 정반대의 성격을 가지고 있다. 때로는 생각의 차이로 서로를 이해하지 못할 때도 많았다. 어린 시절, 부모님이 "우리가 이랬으니 너도 이럴 거야"라고 말씀하실 때마다, 나는 그 말을 어떻게 받아들여야 할지 몰랐다. 내가 정말 부모님처럼 되어야만 하는 걸까? 하지만 이제는 그게 꼭 옳고 그른 문제가 아니라는 것을 안다. 부모님을 닮은 점도 나 다운 부분이고, 부모님과 다른 점도 나 다운 부분이다.

중요한 것은 내가 나라는 사람으로서 고유한 성향과 생각을 인정하고 받아들이는 것이다.

순수한 내 목소리에 귀 기울이기

세상에는 70억 명의 사람이 있고, 그만큼 각기 다른 성향과 생각이 있다. 나만의 고유한 생각을 존중하지 않으면, 나는 나 답게 살아가는 순간마다 스스로에게 이렇게 묻게 된다.

"이게 정말 내가 원하는 게 맞을까?"
"다른 사람들이 옳은 걸까? 내가 이상한 걸까?"

이런 의문은 내가 내 목소리보다 타인의 목소리를 우선하기 때문에 생긴다. 생각은 다양할 수 있고, 상황에 따라 바뀔 수도 있다. 그렇기에 내 생각을 있는 그대로 인정하는 태도가 필요하다.

나는 오랜 시간 동안 내 생각에 타인의 기준을 대입하며 살아왔다. 부모님이 "넌 채소에 관심을 가져야 해"라고 말하셨을 때, 나는 내 의견보다는 부모님의 말을 따르는 게 옳다고 여겼다. 작은 사소한 선택에서부터, 결국 인생의 중요한 결정에 이르기까지, 나는 늘 타인의 기준에 나를 맞추려 애썼다.

나다움을 찾는 연습

 이제는 내가 다른 사람과 다르다는 사실을 두려워하지 않는다. 내가 나 답게 살아가기 위해 필요한 첫걸음은 내 생각을 있는 그대로 받아들이는 것이다.
 내가 남들과 다르다고 해서 내 생각이 잘못된 것이 아니다. 오히려 그것이 나를 나 답게 만들어주는 특별한 요소다. 나 다운 것을 찾는 과정은 특별하지 않다. 내 생각을 존중하고, 나 자신에게 솔직해지는 작은 연습에서부터 시작된다. 그렇게 사소한 것부터 나 자신을 인정하기 시작할 때, 비로소 내가 누구인지 조금씩 알아갈 수 있을 것이다.
 그러니 이 글을 읽는 여러분도 스스로의 생각을 존중하며, 나 다운 모습을 찾아가길 바란다.
나다운 것이란 내가 스스로 "이것이 나다"라고 느낄 수 있는 모든 것이다.

발걸음에 실리는 무게

"안정적인 게 좋은 거야."

 내가 원하는 삶을 살기 위해선 그에 맞는 행동이 필요하다. 그리고 그 행동을 꾸준히 이어갈 결심이 필요하다. 안일한 마음으로는 내가 원하는 삶을 지탱할 수 없다.
 나를 버티게 해 줄 결심과 동기는 튼튼해야 한다. 비록 그것이 끊어지는 순간이 오더라도 금방 이어붙일 수 있을 만큼 단단해야 한다.
 그 결심을 하게 된 건 최근의 일이다. 행동으로 옮기기까지는 정말 오랜 시간이 걸렸다. 무려 27년이 걸렸다. 왜 그렇게 오래 걸렸는지 이유를 따지자면 많다.

하지만 솔직히 말하자면 다 핑계다. 내가 용기를 내지 못했던 이유는 결국 핑계 뒤에 숨어 도망쳤기 때문이다. 물론 그 핑계들을 이해 못 할 바는 아니다. 그 중 하나는 어릴 적부터 수도 없이 들었던 말들이다.

"안정적인 게 좋은 거야."
"회사원이 제일 속 편해."
"공무원은 연금이 따박따박 나오잖아."

이 말들이 내 삶을 관통하며 내게 강렬한 영향을 미쳤다. 부모님이 그런 말씀을 하신 이유도 알고 있다.
아버지의 사업이 잘 안됐기 때문이다. IMF를 견뎌냈고, 그 여파 속에서도 어렵게 회사를 유지했다. 하지만 결국 사업은 무너졌고, 우리 집도 점차 힘들어졌다. 그런 경험을 보며, 나는 어린 마음에 이렇게 생각했다.

"우리 집을 잘 살게 하려면 돈을 많이 버는 사업가가 되어야 한다."

대학교 시절, 공모전에 참여하며 이런 마음은 더 단단해졌다. 과제로 시작했던 공모전에서 나는 최종 4팀에 선정되었고, 연구비를 지원받아 제품을 개발하는 전 과정을 경험했다. 그 과정은 내게 큰 불꽃을 안겨주었다. 사업과 비슷한 과정 속에서 내가 이렇게 몰입할 수 있다는 걸 처음 깨달았다. 그 순간만큼은 내가 치열하게 살고 있다고 느꼈다.

그 경험 때문에 스스로 사업가로서의 가능성을 떠올렸다. 안정적인 직업은 나와 맞지 않는다고 믿고 싶었다. 부모님이 안정적인 직장을 권하시는 목소리에도 귀를 닫았다. 그러나 지금의 나를 돌아보면, 여전히 안정적인 삶을 향해 걷고 있는 듯한 모습이 보인다. 그 길을 걸으며, 점점 답답하고 불안한 마음이 커져갔다.

"이 길을 따라가면 정말 내가 원하는 삶에 닿을 수 있을까?"

물론 안정적인 직장에 다니는 분들의 모습을 보며 많은 생각이 들었다. 내가 원하는 삶은 분명 아니라고 생각했지만, 나 또한 모르는 사이 그 길을 걷고 있었다.

그리고 어느 순간 깨달았다. 나는 부모님이 말하는 안정적인 삶을 원하지 않는다. 그 길로 간다면 나 혼자는 어떻게든 살 수도 있을 것이다. 하지만 그것이 정말 나를 만족시킬지는 의문이다.

나는 만족감을 느끼는 삶을 살고 싶다. 그 속에서 내가 이뤄낸 것으로 가족과 소중한 사람들에게 힘이 되고 싶다. 그렇기에 나는 남들이 안정적이라고 말하는 길을 거부하며 내 길을 걷겠다고 선택했다. 그 선택에는 책임이 따른다. 주변의 시선과 말들을 견뎌내야 한다. 그리고 선택한 길 위에서 충실히 하루하루를 살아야 한다. 성공한다면, 주변의 말에 귀 기울이지 않았던 내가 결국 옳았다는 평가를 받을 수도 있다. 하지만 실패한다면, "역시 말을 안 들으니까 그렇지"라는 질책을 피할 수 없을 것이다. 어쩌면 질책에서 그치지 않을 수도 있다.

그럼에도 불구하고 나는 글을 쓰는 삶을 포기하고 싶지 않다. 내가 선택한 길에서 후회 없이 살고 싶다. 그 길에서 얻은 힘으로 소중한 사람들에게도 버팀목이 되고 싶다.

이 글을 읽는 여러분도 고민해 보길 바란다.

내가 원하는 삶을 선택할 용기가 있는가?

그리고 그 선택에 따른 책임을 올바르게 견딜 준비가 되었는가? 결국 그 질문에 대한 답은, 여러분의 앞날을 더욱 단단하게 만들어줄 것이다.

초심이 내 마음을 떠나간 것 같을 때

"좋아한다고 여기는 일이면 그 과정이 다 즐거워야 하는 것 아닌가요?"

글쓰기가 싫었던 적은 없다. 내게 글쓰기는 어린 시절부터 삶의 일부였다. 초등학교 때 처음 쓴 시와 산문은 놀이와 다름없었다. 밖에서 점심을 먹기 위해 글쓰기에 참가한 적도 있을 만큼 글쓰기는 내게 부담 없는 활동이었다. 내가 쓴 글이 책에 실리고 누군가로부터 칭찬을 받을 때도, 솔직히 큰 감흥은 없었다. 그저 글쓰기를 좋아했고, 그것이 자연스러운 일상이었다.

시간이 흘러, 문득 이런 생각이 들었다.
"글을 쓰며 사는 삶을 살고 싶다."

내가 좋아하는 카페에서 글을 쓰는 건 여전히 즐거운 일이지만, 글쓰기의 과정이 늘 쉬운 건 아니었다. 가끔은 이런 질문이 떠오르곤 했다.

"내가 정말 후회 없는 선택을 한 걸까?"
"어른답지 못하고 방황하고 있는 건 아닐까?"

그런 의심이 고개를 들 때마다 힘이 빠졌다. 내가 글을 쓰고자 했던 이유를 잊고 있는 건 아닌가 스스로를 되묻게 되었다. 좋아하는 일이라면 과정의 모든 순간이 즐겁고 행복할 것이라는 환상을 가지고 있었다. 처음 시작할 때의 열정은 모든 걸 해결해줄 것만 같았다. 그러나 막상 예상치 못한 난관에 부딪히면, 그때의 나는 크게 흔들렸다.

"왜 내가 이렇게 힘들어하지?"
"정말 이게 내가 하고 싶었던 일일까?"

그렇게 포기했던 일들이 많았다. 열정을 불태웠던 순간들이 있었음에도, 나는 그 끝에서 결국 혼란스러워하며 뒤돌아섰다. 시간이 지나 내가 가진 이 생각의 굴레를 되짚어보았다. 나는 초심의 열정에서 시작해, 과정에서 힘들어하고, 결국 부담감에 무너지며 포기하는 순환을 반복하고 있었다. 이 굴레를 깨기 위해 다른 사람들의 지혜를 빌렸다. 책을 읽고, 유튜브 강연을 듣고, 다양한 매체에서 인사이트를 얻으려 했다. 그중 가장 와닿았던 것은 다음과 같은 이야기였다.

"결과에 집착하지 말고, 지금의 노력을 인정하라."

열심히 해도 결과가 잘 나오지 않을 때, 우리는 쉽게 낙담한다. 하지만 결과에 매달리기 시작하면 오래 버티기 힘들다. 오히려 지금 내가 하고 있는 노력 그 자체를 인정하며 받아들일 때, 마음에 여유가 생긴다. 불타오르는 열정이 예전만 못하더라도, 그때를 떠올리며 조금씩 앞으로 나아갈 수 있다. 중요한 것은 포기하지 않는 것이다.

내 마음에 불이 붙었던 순간에는 분명 이유가 있었다. 그 이유를 붙잡고 끝까지 걸어간다면, 결국 만족스러운 결과는 내게 다가올 것이다.

당신의 초심을 붙잡는 방법

내가 깨달은 것을 공유하고 싶다.
"초심이 흐려졌다고 해서 무조건 포기하지 않아도 괜찮다."

우리는 모두 흔들리는 순간을 겪는다. 좋아하는 일도, 때로는 어렵고 고통스럽다. 하지만 그 과정을 인정하며 나아갈 때, 우리는 더 단단해진다. 지금도 당신의 마음속에 초심의 불씨가 남아 있다면, 그것을 놓지 말길 바란다.

초심은 처음의 열정만을 의미하지 않는다. 내가 왜 시작했는지, 그 이유를 다시 곱씹고 천천히 나아가는 것. 그것이 진짜 초심을 지키는 길이 아닐까?

나라고 못 할 이유가 뭐야?

"하기 싫으면 안 해도 돼. 근데 내가 이걸 못 할 이유가 어딨지?"

앞서 말했던 이야기에 하나 더 덧붙이고 싶다. 노력을 인정하는 것도 중요하지만, 그보다 앞서 스스로에게 솔직해질 필요가 있다. 내가 하고 있는 일들에 대해 이렇게 질문해보면 어떨까?

"이건 정말 내가 하고 싶은 일인가?"
"누군가 억지로 시킨 건가?"
"혹시, 이걸 안 하면 사람들이 나를 싫어할까?"

만약 억지로 하고 있다면, 그만둬도 된다. 하기 싫은 것을 억지로 계속하는 만큼 힘든 일도 없다. 그런 힘겨운 상태로 뭔가를 한다면, 결과는 고사하고 내 마음부터 무너진다. 물론 이런 태도를 받아들이는 것이 말처럼 쉽지 않다는 건 안다. 하지만 이 차이가 얼마나 큰 영향을 미치는지도 알고 있다.

"하기 싫으면 안 해도 된다."
"결과가 나오지 않아도 괜찮다."

이렇게 생각할 수 있는 여유를 가질 때, 우리는 더 나은 선택을 할 수 있다. 만약 그 태도를 받아들이지 못한다면, 정말 끔찍한 일들이 일어나기 쉽다. 고정관념에 갇혀 내 시야는 점점 좁아지고, 그 좁아진 시야로부터 벗어나지 못한다. 그런 상태에서는 스스로를 지나치게 깎아내리거나, 심지어 다른 사람에게 함부로 상처를 주는 말과 행동을 하기도 한다. 반대로, 생각을 조금만 바꾸면 삶의 패턴이 건강하게 바뀐다. 내가 충분히 할 수 있는 일조차 스스로를 평가절하해 놓치는 일이 줄어든다.

내가 이런 태도를 처음 배우게 된 건 한 유튜버의 말 덕분이었다. 평소 좋아하던 그의 영상에서 들었던 마지막 한마디는 오래도록 내 마음에 남았다. "하기 싫으면 안 하면 돼. 근데, 네가 못 할 이유가 뭐야?" 이 말을 들으며 나도 속으로 되뇌었다. "글 쓰는 게 힘들면 안 하면 되지. 근데 내가 글을 못 쓸 이유가 뭐지?"

퇴근 후 집에 돌아오면 내 몸과 마음은 이미 지쳐있다. '오늘은 도저히 글을 쓸 수 없을 것 같아'라는 생각이 머릿속을 채운다. 그럴 때, 나는 이렇게 말한다. "하기 싫으면 안 하면 돼. 근데 내가 못 할 이유가 뭐야?"

이 짧은 한마디가 나를 일으킨다. 그러고는 카페로 향한다. 어떻게든 글을 쓰고 집에 돌아온다. 그렇게 스스로에게 조금씩 확신을 심어준다. 당신도 이 말을 한 번쯤 뱉어보길 바란다. "하기 싫으면 안 하면 돼. 근데 내가 이걸 못 할 이유가 뭐야?" 이 단순한 문장이 당신의 발걸음을 조금 더 가볍게 만들어줄 것이다.

작은 경험이라도 좋아.

"나라고 뭐 다 있어서 시작한 줄 알아요?"

사람들이 흔히 간과하는 사실이 있다. 성공한 사람들의 시작은 생각보다 조촐했다는 것이다.

이 말은 과거 내가 프로젝트를 진행하며 만난 대표님이 자주 해주셨던 말이다. 성공한 사람처럼 보였던 그분이 내게 이런 이야기를 한 이유는 내가 스스로 한 일을 의심할 때마다 다시 힘을 내게 하려는 의도였다.

"상인 씨, 저라고 뭐 다 있어서 시작한 줄 알아요?"
"저도 우여곡절이 많았어요!"

그 말을 들을 때마다 마음이 편해졌다. 시작이 초라해도, 중간에 마음이 꺾이는 순간이 와도 계속하다 보면 결국에는 즐길 수 있는 날이 오기 마련이다. 그 즐거움 속에서 내가 잘하고 있음을 느끼고, 결과는 자연스레 따라오는 법이다.

계속한다는 것의 힘

여러 번 해봐야 한다. 이것저것 시도해봐야 배울 수 있는 것들이 생긴다. 나 또한 많은 시행착오를 거치며 지금의 마음을 단단히 다져왔다. 계속 시도하는 것, 작은 행동을 반복하는 사람이 되어갔다.

작은 경험이라도 계속 쌓아야 한다는 이야기를 하고 싶다. 처음엔 분명 작고 초라하다. 하지만 시간이 지나고 나면 그 경험들이 실력이 되고, 자신 있게 내밀 수 있는 나만의 명함이 된다. 사람들은 결국 그 명함을 보고 나를 평가할 것이다. 하지만 그 명함은 처음부터 화려하지 않았다. 조그맣고 볼품없던 시절이 있었기에 가능한 일이다.

작은 시작의 가치

 내 글쓰기의 시작은 그야말로 소박했다. 초등학생 시절, 급식 말고 맛있는 점심을 먹고 싶어서 쓴 시와 산문이 처음이었다. 그 뒤로도 별다른 목표 없이 그냥 글을 썼다. 노트에 내 생각을 끄적이고, 블로그에 글을 올리면서 사람들의 반응을 살폈다. 그 과정에서 글을 쓰며 살아보고 싶다는 꿈이 생겼다. 시간이 지나, 결국 내 손으로 책 한 권을 내게 되었다.

 작은 시작에서 비롯된 하나의 과정이었다. 아직도 내 글은 초라하고 미흡하다. 그러나 계속 쓰다 보면 실력은 늘고, 쌓인 글들은 결국 나를 설명해줄 것이다. 이런 상상은 단순한 바람이 아니다.

 내가 이룰 것이라는 믿음에서 비롯된 확신이다. 여러분도 스스로를 기분 좋게 만들어주는 일을 찾아보길 바란다. 좋아서 자연스레 하고 싶어지는 일, 그것이 무엇이든 작게 시작해보자. 부담을 느끼지 않도록, 너무 거창하지 않게.

좋아서 하는 일, 그리고 편안함

 특정한 기대나 성과를 바라지 말고, 단지 나에게 기쁨을 주는 이유 하나만으로 해보는 것이다. 애써 노력하기보다 좋아서 자연스레 하는 마음으로 시작하는 게 가장 좋다. 내가 글쓰기를 대하는 태도가 그렇다.

 글을 쓸 때, 난 내가 좋아하는 일을 편안한 마음으로 하고 있다. 비록 내 글이 세상의 수많은 작가들에 비하면 초라하고 작은 글에 불과하지만, 그럼에도 이렇게 시작해 보려 한다.

 이 작은 시작이 누군가에게는 큰 용기가 되길 바란다. 당신도 나처럼, 작은 경험을 쌓으며 나아가길 바란다. 그 작은 시작들이 쌓여 언젠가 당신만의 빛나는 명함이 될 것이다.

좋아하려고 하면 잘하게 된다.

"하고 싶은 것만 하며 살 수 없다고 말했을 텐데?"

스스로 원하는 일을 하며 살아간다면 얼마나 좋을까? 나답다고 느끼는 일을 하며 살면 매일이 행복할 것 같다. 하지만 어릴 때부터 나는 이런 말을 수도 없이 들어왔다.

"하고 싶은 것만 하며 살 수는 없어."

살다 보니 정말 그렇다는 것을 알았다. 하지만 한편으로는 그렇지 않은 사람들도 많다는 것도 알게 되었다.

여유로운 환경에서 자신이 하고 싶은 것을 하며 사는 사람들만을 말하는 게 아니다. 여유롭지 못한 상황 속에서도, 힘든 환경에서도 자신이 하고 싶다는 이유 하나로 시작해 결국 그것을 삶에 녹여낸 사람들. 그들은 내가 어릴 적 들었던 말의 반증과도 같은 존재들이었다. 그런 사람들의 이야기를 접하며 문득 이런 생각이 떠올랐다.

"그럼 내가 원하는 걸 모르는 사람들은 어떻게 해야 하지?"
"원하는 건 딱히 없는데 지금 삶이 마음에 들지 않는 사람들은 어떻게 해야 하지?"

하고 싶은 것을 무조건 해야만 한다는 말은 위험할 수 있다. 그래서 한 가지 책의 이야기를 소개하고 싶다. 이나모리 가즈오 회장의 『왜 일하는가』에서 읽었던 내용이다. 많은 사람들에게 '일'은 단순히 돈을 벌기 위한 수단에 불과하다. 나 역시 그랬다. 일이란 그저 생계를 위한 것이었고, 나를 억누르고 안주하게 만드는 존재로 여겨졌다.

그러나 이 책을 읽으며 나는 내게 이렇게 묻는 책의 목소리를 들었다.

"일을 단지 싫다는 이유로만 바라보고 있는 것은 아니야?"

이나모리 회장은 젊은 시절, 월급도 제대로 받지 못하는 회사에 다니며 어려운 상황을 겪었다. 동기들은 하나둘 회사를 떠났고, 남아있는 이나모리 회장을 조롱하며 바보 취급했다. 퇴사가 당연해 보이는 환경 속에서 이나모리 회장 역시 깊은 고민에 빠졌다.

하지만 그는 다른 선택을 했다. 자신의 손에 맡겨진 일을 진심으로 다해보기로 결심한 것이다. 그는 퇴근 없이 밤낮으로 연구에 몰두했고, 결국 그 소재를 완벽히 다루는 사람이 되었다. 이후 등장한 새로운 소재들에 대해서도 똑같이 몰입하며 시장에서 우위를 점했다. 그렇게 성장한 회사는 일본에서도 손꼽히는 회사가 되었다.

이 책을 읽으며 나는 스스로에게 질문했다.

"내가 하고 있는 일에 마음을 다해 노력해 본 적이 있었던가?"

과거의 나는 그저 일이 마음에 들지 않는다는 이유만 내세웠다. 어떻게 하면 이 일을 더 잘할 수 있을지에 대해서는 생각해보지 않았다. 식당 일을 할 때를 예로 들어보자. 나는 단순히 힘든 일을 맡아 하며 그 시간을 버티기에 급급했다. 하지만 만약 그 시간을 '어떻게 하면 이 일을 더 잘할 수 있을까?' 라는 생각으로 바꾸었다면 어땠을까?

냅킨을 더 효율적으로 세팅하는 방법, 물때가 잘 남지 않는 청소 도구를 찾는 방법, 부모님에게 반찬 만드는 과정을 물어보며 배웠다면 어땠을까? 그랬다면 그 시간들은 단순히 힘든 시간이 아니라 나를 성장시키는 시간이 되었을 것이다.

결국 내가 하고 싶은 말은 이것이다.
하고 싶은 것이 있다면, 그것을 시작해보라. 그리고 만약 그런 것을 찾지 못했다면, 지금 하고 있는 일에 열정을 더해보라. 물론 하기 싫은 일에 열정을 쏟으라는 말은 무엇보다 어려운 일임을 안다. 나 또한 하기 싫은 일은 죽어도 하기 싫어했던 사람이었기 때문이다.

하지만 이나모리 회장의 말을 다시 들려주고 싶다.
"좋아하려고 하면 잘하게 된다."
나도 그렇게 생각한다. 지금의 삶이 싫지만, 무엇을 하고 싶은지도 모르는 사람들에게 이 말을 전하고 싶다.

"좋아하려고 하면 잘하게 된다."
이 말에 대해 생각해보는 시간을 가져보길 바란다.

내가 원하는 모습의 나, 지금의 나

"이게 무슨 상황인지 모르겠네?"

살면서 한 번쯤 이런 경험이 있을 것이다. 내가 어떤 것을 계속 상상하면 그와 관련된 물건이나 상황이 유독 눈에 띄는 일. 혹은 내가 상상만 했던 행동을 어쩌다 보니 실제로 하고 있거나, 원했던 물건을 얻게 되는 순간이 와서 놀라는 경험 말이다.

내 경우엔 이랬다. 내가 정말 좋아하는 자동차 브랜드가 있었다. 그 차를 살 여유는 없었지만, 그 브랜드의 디자인만큼은 항상 매력적이라고 생각했다.

누군가는 그 디자인이 다른 브랜드와 닮았다며 평가했지만, 내겐 분명한 매력이 있었다. 그 브랜드를 생각하며 지내던 어느 날, 신호 대기 중이던 차들 사이에서 유독 그 브랜드의 자동차가 자주 눈에 들어왔다. 마치 나만 볼 수 있는 특별한 레이더가 있는 것처럼 말이다.

더 놀라운 건, 부모님이 운영하시는 식당에 바로 그 브랜드의 차가 주차되는 것을 보게 된 순간이었다. 평소엔 보기 어려웠던 차였지만, 내가 그 브랜드를 마음에 두자마자 이런 일들이 벌어졌다.

단순히 착각이라고 할 수도 있다. 하지만 또 다른 예시는 이렇다. 내가 눈여겨봤던 플랫폼인 브런치. 카카오에서 운영하는 글쓰기 플랫폼으로, 글을 읽는 건 누구나 가능하지만, 글을 쓰기 위해서는 작가 승인을 받아야 했다. '브런치 고시'라는 별명이 붙을 정도로 승인이 쉽지 않다고 알려져 있었다. 한동안 브런치에 글을 써보고 싶다는 마음을 품고 있었지만, "내가 쓴 글을 누가 좋게 봐주겠어?"라는 생각에 스스로 포기하곤 했다. 그러던 중 블로그에 독서 노트를 올리며 작은 반응들을 확인하던 시기가 있었다.

그 무렵 프로젝트를 함께 진행하던 대표님께서 내게 말했다.

"혹시 브런치라는 플랫폼 알아요? 거기에 글을 써보는 건 어때요?"

마침내 용기를 내기로 했다. 특별히 잘 쓰려고 애쓰기보다 자연스러운 나만의 글을 쓰기로 했다. 그렇게 이틀 동안 글을 썼고, 반신반의하며 작가 신청을 했다.

3일 뒤, 메일 한 통이 도착했다.

"진심으로 축하드립니다. 소중한 글 기대하겠습니다."

메일 속 민트색 배경에 적힌 글자를 보고, 그 순간의 기쁨이 지금도 생생하다. 이 이야기를 하는 이유는 내가 신청한 후에도 브런치 작가가 되는 상상을 여러 번 했기 때문이다. 상상 속에서 이미 합격 메일을 읽고, 민트색 글자가 적힌 메일 창을 떠올리곤 했다. 그리고 결국 그것은 현실이 되었다.

상상, 그리고 행동

상상이 현실로 바뀌는 과정에는 중요한 전제가 있다. 바로 행동이다. 단순히 머릿속에서만 상상한다고 일이 저절로 이루어지지 않는다.

내가 그 자동차 브랜드를 자주 본 이유는 단순히 상상만 한 것이 아니라, 그 브랜드의 차를 찾고자 하는 관심을 행동으로 옮겼기 때문이다. 길을 나서고, 차를 타고, 실제로 주변을 살폈기 때문에 가능했다. 브런치 작가 신청도 마찬가지다. 상상 속에서 머무르지 않고, 실제로 글을 쓰고 제출하는 행동을 했기 때문이다.

정리하자면, "상상하면 행동이 따라온다."

그리고 그 행동이 때로는 상상을 현실로 바꿔놓기도 한다. 내가 원하는 모습, 이루고 싶은 목표가 있다면 일단 상상해 보자. 그리고 그 상상을 바탕으로 자연스럽게 행동으로 옮겨 보자. 상상은 기분을 좋게 만들고, 그 기분은 행동을 가볍게 만들어 준다. 내게 브런치 작가라는 타이틀이 생긴 것처럼, 당신의 상상이 현실로 이어질지도 모른다. 단, 상상만으로는 부족하다. 행동이 반드시 뒤따라야 한다. 그러니 너무 어렵게 생각하지 말고, 가볍게 상상하고 작은 행동으로 이어가 보길 바란다.

"즐거운 상상은 기분 좋은 행동으로 이어지고, 그 행동은 결국 원하는 모습을 가져다준다."

지금 이 순간, 당신도 작은 상상을 시작해보는 건 어떨까?

내게 힘이 되어준 대화

"선생님 글을 보면 생각이 많아지네요."
"본인 안에 다 답이 있는 것을 알면서 왜 그러실까?"

살아오면서 느낀 것이지만, 나는 참 좋은 사람들을 많이 만났다. 함께 일했던 분들, 그리고 지금 같이 일하는 분들 모두 나에게 큰 힘이 되어주었다. 이런 사람들을 만났다는 것이 얼마나 감사한 일인지, 나날이 더 절실히 깨닫는다. 이번 이야기를 꺼내는 이유도 그렇다. 내가 들었던 대답들, 함께 나눈 대화들이 여러분에게도 참고가 될 수 있다고 생각했기 때문이다.

나는 새 직장에 들어가고 약 2개월 동안 혼자였다. 텅 빈 건물에서 일하는 날들이 이어졌다. 그러다 3월이 되며 같은 건물에서 일할 사람들이 오기 시작했다. 그들과 처음 인사를 나누던 날을 아직도 기억한다.

"드디어 혼자 있지 않아도 되는구나."

기뻤다. 드디어 분업이라는 걸 할 수 있겠다는 생각이 들어 설렜다. 함께 일하게 된 선생님들과는 다양한 이야기를 나누었다. 대화의 주제는 일뿐만 아니라 사람 사는 이야기로 자연스레 확장되었다. 그리고 그런 대화가 내게 주는 힘을 깨달았다.

사람마다 각자의 고민이 있다는 사실을 다시 한번 느꼈다. 생각보다 세상은 따뜻했고, 마음이 훈훈해지는 이야기를 들을 때면 그 따뜻함이 나에게도 전해졌다. 때로는 내가 고민을 말할 때, 나 스스로는 상상도 못했던 조언과 위로를 듣곤 했다.

내게 특히 남아있는 두 대화가 있다. 첫 번째는, 나의 글쓰기에 관한 이야기다. 나는 내 글을 홍보할 생각은 없었지만, 어쩌다 보니 선생님 한 분이 내 글을 알게 되었다. 그 이후로 그는 내 글을 정기적으로 읽으며 이렇게 말씀하셨다.

"선생님 글을 보면 생각이 많아지네요."

그가 내 글에 대한 감상을 솔직히 말해준다는 사실이 정말 고마웠다. 내가 쓴 글이 다른 사람에게 생각할 여지를 남긴다는 것을 알게 되었을 때, 내 글이 살아있음을 느꼈다. 그리고 그 말은 내가 글을 계속 쓸 힘이 되어주었다. 두 번째는, 내가 고민에 대해 대화를 나누던 중에 나온 이야기다.

나는 고민을 하다 보면 답을 어디선가 찾아야 한다고 생각하곤 했다. 그러다 점을 본 경험에 대해 이야기하게 되었고, 그때 선생님 한 분이 이렇게 말씀하셨다.
"본인 안에 다 답이 있는 것을 알면서 왜 그러실까?"

그 순간을 잊을 수가 없다. 그의 목소리와 말투, 그리고 그 말이 내게 주었던 충격은 지금도 생생하다. 나는 늘 답을 다른 곳에서 찾으려고 했다. 물론 도움이 된 적도 많았다. 하지만 그런 답들은 내게 잠깐의 해답일 뿐, 머릿속에 남지 않았다.

반면, 그 선생님의 말은 달랐다. 내 안에 이미 답이 있다는 것을 알면서도 왜 다른 곳에서 찾으려고 했을까? 그의 말은 내게 큰 깨달음을 주었다. 좋은 사람과의 대화는 인생에서 무엇보다도 소중하다. 그 대화 속에서 들은 말들은 단순한 문장이 아니라, 상황과 함께 하나의 영상처럼 머릿속에 새겨진다. 그것이 내게 힘이 되어준다.

살면서 여러 문제를 마주할 때, 좋은 사람과의 대화는 훌륭한 해결책이 될 수 있다. 나는 그 소중한 대화를 통해 힘을 얻었다. 그리고 이 글을 읽는 당신들도 그런 사람들과 대화를 나눌 기회가 있기를 바란다.

꿈 혹은 즐거움을 가지고 있는 사람과 대화하기

"저는 대패질을 하거나 톱밥 날리는 게 좋더라고요"

"혹시 좋아하는 게 뭐예요?"
"살면서 좋았던 순간들에 대해 들려주실 수 있나요?"

이런 질문을 받으면 사람들은 대개 얼굴에 빛이 돈다. 좋아하는 일을 이야기할 때마다 그 순간으로 빠져들어 눈이 반짝인다. 그들이 보여준 밝은 모습은 침울했던 내게도 빛을 건넸다. 그런 특별한 경험을 소개하고 싶다.

아버지가 들려준 이야기

내가 들은 아버지의 모습은 '혁신적인 발명가'이자 '거침없는 행동가'였다. 어릴 적부터 고된 일을 도맡아 하며 자란 아버지는 자연스레 사업을 시작했고, 그 과정에서 회사에 들어가 일했던 적도 있었다.

아버지가 회사에서 했던 이야기는 1970~1990년대의 일이지만, 지금도 내게 큰 가르침을 준다. 아버지는 회사에 들어가 혁신적인 공법을 개발해 적자를 흑자로 바꿨다고 했다. 사업 확장을 시기 적절히 판단하며 회사를 성공적으로 이끌었다.

평사원으로 입사해 단 6개월 만에 상무로 승진한 이야기를 들으며 난 감탄을 금치 못했다. 그 시절을 이야기할 때 아버지의 눈빛은 마치 어린아이처럼 반짝였다. 좋아하는 일을 이야기하는 아버지를 보며 나도 그런 열정을 닮고 싶었다. 그래서 글을 쓰기 시작했다. 새 직장에서는 다양한 사람들을 만났다. 짧은 시간이지만 가끔 꿈과 즐거움에 대해 이야기 나눌 기회가 있었다. 특히 기억에 남는 건, 본관에서 내 근무지로 볼일이 있어 찾아온 분과의 대화다.

나보다 어려 보였던 그분이 내게 물었다.
"뭐 하고 계신 거예요?"
나는 환하게 웃으며 말했다.
"글을 쓰고 있었어요. 제 꿈은 출판사를 운영하며 다양한 사람들의 이야기를 책으로 담아내는 거예요. 글도 쓰고, 다른 사람들의 이야기를 듣는 것도 좋아하거든요."

그분은 나를 신기하게 바라보더니 화답했다.
"저는 목공을 좋아해요. 대패질하거나 톱밥 날리는 게 재밌더라고요."

그 순간, 그분의 눈빛에서 빛이 났다. 이 대화는 내 마음을 환하게 비추는 기회가 됐다. 꿈과 즐거움을 이야기하는 사람들의 빛나는 에너지는 내게 온기를 전해줬다. 그 순간, 내가 글을 쓰며 사는 삶이 얼마나 큰 기쁨과 동기를 주는지 다시금 깨달았다.

꿈을 가진 사람들과 대화해 보세요

마음이 침울할 때, 꿈과 즐거움을 가진 사람들과 대화해 보길 추천한다. 그들의 밝은 에너지가 당신을 따뜻하게 비출 것이다. 이 대화들이 나에게 그랬듯, 다른 사람들의 빛나는 순간이 당신에게도 기운을 전할 것이다. 그 안에서 당신이 잊고 있던, 혹은 새롭게 발견할 빛을 만날 수 있을지도 모른다. 우리 모두 스스로의 빛을 잊지 않고, 더 밝게 빛날 수 있기를.

내가 원하는 것만 심으면 돼요.

"생각의 씨앗을 뿌리는 겁니다. 뭘 수확하게 될지는
여러분이 정하는 거예요."

어릴 적 농사일을 도울 때 이런 생각을 했다.
 "상추를 심으면 상추가 나고, 고추를 심으면 고추가
나는 거겠지."

그건 너무 당연한 일이었다. 그런데 왜 내 생각에는 그
당연함을 적용하지 못했을까? 내 머릿속에 부정적인 생
각을 심으면 당연히 부정적인 결과가 따라온다. 반대로
긍정적인 생각을 심으면 긍정적인 결과가 나타난다.

그런데도 나는 주변에서 받은 부정적인 말들, "너는 이래야만 해"라는 강요들을 아무 생각 없이 받아들였다. 그런 씨앗들을 내 머릿속에 심었고, 그 결과로 내가 바라던 길과는 완전히 다른 수확물들을 얻었다. 그러면서 불평했다.

"왜 내가 원하는 결과는 나오지 않을까?"

하지만 이제는 안다. 문제는 씨앗이었다. 내가 심은 것이 무엇인지도 모른 채 불만을 품었던 것이다. 결국, 내가 원하는 생각은 내가 직접 가져다 심어야 한다는 것을 깨달았다. 내가 원하는 씨앗들은 쉽게 주어지지 않았다. 직접 찾아 나서야 했다. 내가 그런 씨앗들을 구할 수 있었던 곳은 세 군데였다. 바로 유튜브, 책, 그리고 사람이다. 이곳들에서 나는 내가 원하는 생각을 찾을 수 있었다. 그리고 그 생각들을 머릿속에 심으면 심을수록 과거의 나와는 점점 멀어졌다. 반대로 내가 원하는 모습에 더 가까워졌다. 하지만 여기서 중요한 건 씨앗을 한 번 심는 것으로 끝나지 않는다는 것이다. 내가 원하는 모습으로 변화하려면 씨앗을 계속 심어야 했다.

사람은 하루아침에 바뀌지 않는다. 바뀌기 위해서는 시간이 걸린다. 하지만 꾸준히 반복하며 심는다면, 어느 순간 그 씨앗들이 싹을 틔우고 자라나기 시작한다. 내가 씨앗을 구했던 세 가지 방법에 대해 이야기해보자.

유튜브

유튜브는 내가 원하는 주제를 검색하기만 하면 수많은 영상을 제공한다. 손가락 몇 번만 움직이면 내가 원하는 생각을 들을 수 있다. 살면서 한 번도 만난 적 없는 사람들이 내가 필요로 하는 이야기를 끝없이 들려준다. 특히 부정적인 생각을 줄이고 긍정적인 씨앗을 심는 데 아주 효과적이었다.

책

책은 유튜브보다 조금 더 많은 노력이 필요하다. 직접 읽어야 하고, 이해해야 한다. 하지만 그만큼 깊이 있는 내용을 얻을 수 있다. 요즘은 책을 읽지 않아도 들을 수 있는 서비스도 많아졌다. 큰 비용을 들이지 않고도 훌륭한 씨앗들을 얻을 수 있다는 점이 매력적이다.

사람

하지만 무엇보다도 내게 가장 큰 영향을 준 것은 '사람'이었다. 유튜브와 책도 결국 사람이 만드는 것이다. 그러나 사람과 직접 대화를 나눌 때 얻는 감정과 교훈은 훨씬 강렬하다. 특히 내가 원하는 삶을 이미 살아본 사람들의 조언은 나를 더 큰 깨달음으로 이끌어준다. 유튜브와 책이 정보를 주는 역할을 한다면, 사람과의 대화는 행동으로 나를 끌어내는 힘을 준다.

결국 내가 원하는 삶을 살고 싶다면, 내게 필요한 씨앗을 찾아 심는 일이 가장 중요하다. 그중에서도 가장 먼저 바뀌어야 할 것은 생각이다. 유튜브와 책은 씨앗을 심는 데 있어 쉽게 접근할 수 있는 방법이다. 그리고 가능하다면, 직접 사람을 만나보길 추천한다.

매일 만날 필요는 없다. 때때로 만난 대화의 경험은 당신의 삶에 커다란 나무처럼 자라나게 될 것이다. 마지막으로 잊지 말아야 할 것은, 씨앗을 반복적으로 심는 것이다.

한 번에 큰 변화를 바라지 말자. 조급함은 행동을 무겁게 만들 뿐이다. 대신 마음을 가볍게 하고, 꾸준히 반복해서 심어보자. 그렇게 심어진 씨앗들은 언젠가 당신이 원하는 삶을 위한 가장 소중한 수확물이 되어줄 것이다.

내가 원하는 게 다른 길에 있다면
다른 길로 가야죠.

"상인 씨는 나랑 정말 달라요."

살면서 우리는 종종 이런 생각을 한다.

"이 사람은 나와 결이 비슷하네."
"이 사람은 나와 좀 안 맞는 것 같아."

돌아보면 내가 만난 사람들 대부분은 나와 비슷한 결을 가진 사람들이었다. 성향이 비슷하고, 나와 비슷한 사고방식을 가진 사람들이었다. 더 나아가 그들이 내게 해주는 말들조차도 비슷했다.

특히 나는 MBTI에서 I 유형에 속한다. 그래서인지 비슷한 성향의 사람들과 관계를 이어가는 경향이 강했다. 그 자체로는 편안했다. 하지만 변화가 필요한 시기, 내가 새로운 시도를 해야 할 때는 이 경향이 장애물로 느껴지기도 했다. 그럴 때 나와 결이 다른 사람을 만나보는 건 필수적이었다. 컨설팅 프로젝트를 함께 진행했던 대표님이 그런 분이었다. 나와 비슷한 성향의 사람들은 쉽게 친구가 되기도 하고, 관계가 오래가기도 한다.

하지만 문제는 그런 사람들만 만나게 되면 결국 같은 방식으로만 생각하게 된다는 것이다.

나의 지난날들은 그랬다. 나와 비슷한 성향의 사람들이 내게 했던 조언들은 언제나 비슷했다. 진로, 관심사, 취미, 미래에 대한 이야기들 모두가 비슷했다. 그리고 나는 그 안에서만 생각할 수 있었다. 그렇게 오랜 시간 동안 내가 변하지 못했던 이유를 이제는 알 것 같다. 나는 내 환경에서 아무것도 바꾸지 않았다. 살던 대로 살고, 만나던 사람들만 만나며, 같은 이야기를 반복했다.

"바뀌지 않은 환경에서 내가 바뀌길 바란다는 건, 애초에 불가능한 일이었다."

그 사실을 깨닫기까지 나는 많은 시간을 방황했다. 내가 필요한 건 완전히 새로운 경험이었다. 그리고 나와는 전혀 다른 사람을 만나야 했다. 그렇게 만난 사람이 바로 대표님이었다. 처음 대표님을 만났을 때의 기억이 아직도 생생하다. 나는 우중충했다. 정돈되지 않은 머리에 헐렁한 옷, 헤드셋까지 쓴 내 모습은 그야말로 자신감 없는 사람이었다. 반면 대표님은 밝고 에너지가 넘쳤다. 자신감이 흘러넘치는 모습에 내가 위축될 정도였다.

애기를 나눌수록 대표님과 나는 모든 면에서 반대였다. 나와는 완전히 다른 태도와 생각, 접근 방식. 대표님은 내가 찾던 사람이었다. 나와 결이 달랐고, 그만큼 나를 깨우는 힘을 가진 사람이었다. 대표님과의 프로젝트는 나에게 많은 변화를 가져왔다. 예전 같았으면 "내가 그걸 어떻게 해?" 라는 생각에 갇혀 아무것도 시도하지 않았을 것이다.

하지만 지금은 다르다. "내가 해보지 않은 것을 하려면, 나와 다른 사람을 만나야 한다."

이 깨달음 덕분이다.

나와 전혀 다른 성향의 사람을 만날수록, 내 굳어진 사고방식이 서서히 풀렸다. 그렇게 나는 새로운 나를 발견할 수 있었다. 변화가 필요하다면, 바뀌어야 한다. 내가 해보지 않은 행동을 하는 사람을 만나야 한다. 내 굳어진 생각을 흔들어 줄 수 있는 사람을 찾는 것은 효과적인 변화의 시작이 될 것이다.

혹시 저게 나 다운 삶인가?

"저는 이렇게 생각하며 살아요."

 누군가와의 대화가 내 삶에 불씨를 지핀 순간들이 있다. 짧은 인생이지만 그런 대화는 내게 몇 번이나 찾아왔다. 그 시간들은 희망을 주었고, 내가 내뱉고 행동하는 말들이 누군가에게 긍정적인 영향을 미칠 수 있다는 사실을 깨닫게 했다.

 내 아이디어가 세상에 통할 수도 있다는 기대감은 늘 나를 설레게 했다. 이번에는 그중 하나, 특별히 감사했던 순간을 나누고자 한다. 당신에게도 이런 순간이 있었는지 떠올려보며 읽어주길 바란다.

나를 이해하는 시간

 나는 타인의 시선을 은근히 즐긴다. 그 시선 속에서 괴롭기만 했던 것은 아니었다. 누군가 내게 "그 옷 너한테 정말 잘 어울린다!"라는 말을 건네면 하루 종일 기분이 좋았다. 겉으로는 아무렇지 않은 척했지만, 속으로는 그 말이 나를 붕 뜨게 만들었다.

 이런 경험은 나를 더 알고 싶게 만들었다. 그래서 군 전역을 앞둔 말년 휴가 때, 흔치 않은 선택을 했다. 바로 홍대의 한 미용실에서 퍼스널 컬러 진단을 받은 것이다. 짧은 군복 머리를 하고 홍대 거리를 돌아다니는 건 내게 도전이었다. 하지만 이 시간을 참고 견디면 전역 이후의 나를 더 나아지게 만들 것 같았다.

 그때의 진단은 나에게 새로운 눈을 열어주었다. 내가 잘 어울리는 색이 무엇인지 알게 되었고, 그 정보를 활용해 어울리는 옷을 선택했다. 하지만 그것만으로는 뭔가 부족했다. 단순한 색상 이상의 요소들이 궁금했다.

더 깊이, 나를 찾아가는 여정

2023년의 마지막 날, 나는 한 퍼스널 컬러 진단 전문가를 찾았다. 이번엔 단순히 색만이 아닌 골격 진단과 기질 검사도 함께 받았다. 진단은 약 2시간 동안 진행되었고, 내게 몰랐던 나의 모습들을 여럿 보여주었다. 내 피부 톤, 체형, 그리고 성격적 특성까지, 진단 결과를 통해 나를 이해하는 새로운 시각이 열렸다.

그러나 이 자리에서 내게 가장 큰 감동을 준 것은 진단 그 자체가 아니었다. 진단을 진행한 대표님의 열정이었다. 그분은 자신의 일에 대해 놀라울 만큼 진지했고, 모든 설명에 정성을 다했다. 그 태도가 나를 깊이 감동하게 했다.

진심을 나누는 대화

진단이 끝난 뒤, 나는 그분께 용기 내어 물었다.
"대표님, 이런 삶을 살기 위해 어떤 노력을 하고 계신지 여쭤봐도 될까요?"

그 대화는 예상보다 길어졌고, 대표님은 자신의 이야기를 아낌없이 들려주었다. 특히 기억에 남는 두 문장이 있었다.

- "얼마나 좋은 습관을 많이 가지고 있는지에 따라 성공이 바뀝니다."
- "큰 생각을 가까이해야 그 근처라도 갈 수 있습니다."

이 말들을 바탕으로 대표님의 하루를 듣다 보니, 그 말들은 단순한 격려가 아닌 삶의 방식이었다. 대표님은 자신의 하루를 목표를 이루기 위한 일로 가득 채우며 살아가고 있었다. 그 과정에서 실패도 있었지만, 그마저도 성장의 일부로 여겼다. 진단을 마치고 돌아오는 길, 대표님은 나에게 먹을거리까지 챙겨주며 따뜻한 배웅을 해주었다. 그날의 대화와 경험은 2023년을 마무리하며 내게 이런 말을 남겼다.

"나 다운 삶이 어떤 것인지 보여줬으니, 너도 이렇게 살아봤으면 좋겠다."

많은 실패와 좌절을 겪었던 해였지만, 그날은 내 삶의 방향을 다시 잡아준 특별한 날이었다.

나 다운 삶으로의 여정

우리 모두에게는 나 다운 삶에 대한 힌트가 존재한다. 그것은 다른 누군가의 진심에서 발견되기도 하고, 스스로의 내면을 깊이 들여다보는 과정에서 찾기도 한다. 이 글을 읽는 당신도, 나 다운 삶을 찾아가는 여정을 스스로에게 허락하길 바란다. 그 길은 분명 쉽지 않을 수 있지만, 작은 깨달음들이 쌓일 때 어느 순간 그 길 위에 서 있는 자신을 발견하게 될 것이다.

사람마다 자신의 운과 순간이 올 때가
언젠가 있다.

"엄마, 아빠가 항상 말하잖아. 걱정하지 말라고."

 글을 쓰기 위해 집을 나서며 부모님이 하시는 식당에 잠깐 들렀다. 예전 같았으면 뭘 해야 할지 몰라 전전긍긍하며 스스로를 괴롭혔을 것이다. 하지만 이제는 그런 불안에서 조금 벗어났다. 마음이 한결 편해졌다.

 여기까지 오기까지 많은 갈등이 있었다. 가족과의 갈등, 친구들과의 갈등, 그리고 무엇보다 나 자신과의 갈등. 그 갈등들은 내 삶에 발도장을 깊이 찍고 떠났다.

이제는 그런 갈등의 시간을 지나 평온함이 찾아왔다. 마치 부드러운 바람이 부는 넓은 언덕 위에 서 있는 기분이다. 이 평온함이 내게 오기까지 내가 가지지 못했던 한 가지 감정이 있다. 그 감정은 바로 '감사함'이다.

나는 이전에는 감사할 줄 몰랐다. 당연한 것들이 아니냐며 세상에 반문했고, 누군가의 희생으로 내가 누리고 있던 것들을 외면했다.

오늘 잠깐 들렀던 식당에서 부모님과 나눈 대화 속에서 다시금 감사함을 느꼈다.

나: "나 왔어요."

부모님: "그래, 왔냐."

나: "오늘 할 게 있어서 잠깐 나갔다 올게요."

어머니: "그래, 시험 기간도 얼마 안 남았는데 공부해야지."

나: "열심히 하고 있어요.
　　이번에 되는 대로 해보겠지만 안 되면 또
　　준비할 게 있으니 걱정하지 마세요."

아버지: "그래, 할 수 있는 대로 하고 나머지는 운에
　　　　맡기면 돼. 사람마다 저마다의 때가 있어."

어머니: "그래도 열심히 해야지. 넌 항상 10%가
　　　　부족한 것 같더라."

나: "그렇다고 생각해요. 그래도 열심히 해볼게요.
　　동생도 시험 볼 때 부족하다고 생각했지만 결국
　　합격해서 잘하고 있잖아요."

어머니: "그렇긴 하지. 시험 끝나고 전화해서 잘
　　　　모르겠다고 했던 게 생각난다."

아버지: "그래도 잘 됐잖아. 사람마다 시기가 있는
　　　　법이야. 너무 걱정하지 마."

나: "그래요. 갔다 올게요."

돌아보면, 아버지의 "사람마다 시기가 있다. 걱정하지 마라." 라는 말씀은 늘 내 곁에 있었다. 고등학교를 거쳐 대학교 진학을 고민할 때도, 졸업 후 취업이 막막할 때도 아버지는 늘 이 말을 해주셨다. 그럼에도 불구하고 나는 늘 불안했다. 태풍이 끊임없이 내 마음속에서 몰아쳤다. 하지만 이제는 그 말이 가슴 깊이 와닿는다.

"저마다의 때가 있다."

이 말을 믿으며, 내가 할 수 있는 일에 최선을 다한다. 나는 글을 쓰며 내가 원하는 삶을 향한 발판을 준비하고 있다. 출판사를 내기 위해 하나씩 단계를 밟아가고 있다. 물론 여전히 가끔 소나기가 내리는 날이 있다. 하지만 태풍처럼 나를 흔드는 시간은 점점 줄어들었다. 부모님께 감사드리는 것처럼, 나를 도와준 또 한 사람에게도 감사의 마음을 전하고 싶다.

컨설팅 회사의 대표님이다. 나는 제 발로 찾아가 도움을 요청했고, 함께 진행하는 과정에서 크고 작은 갈등도 많았다. 하지만 대표님은 끝까지 나를 포기하지 않았다. "이전의 내가 아닌, 내가 원하는 삶을 살 수 있는 내가 분명히 있다." 그렇게 몇 번이고 말해주셨다. 그 말은 나를 움직이게 했다. 혼자였다면 훨씬 더 오랜 시간이 걸렸을 것이다. 이 글을 읽는 분들께 전하고 싶은 메시지가 있다.

"스스로 해결되지 않는 문제가 있다면, 다른 사람의 도움을 받는 것을 두려워하지 마세요."

세상에는 다양한 관점과 방법이 존재한다. 누군가는 내가 갇혀 있는 생각의 틀에서 나를 쉽게 꺼내 줄 수 있다. 도움을 요청하는 것은 결코 약한 것이 아니다. 그것은 용기이며, 지혜다. 부디 이 글이 나 다운 삶을 찾고자 하는 분들에게 작은 도움이 되길 바란다. 나 또한 그런 모습을 곁에서 지켜보며 계속 글을 쓰는 사람이 되고 싶다.

에필로그

 지금까지 저의 가장 평범한 행복에 대한 이야기를 끝까지 읽어주신 여러분께 진심으로 감사드립니다. 이 글이 여러분의 마음에 작은 울림을 남기고, '나다운 찾아가는 여정에 작은 이정표가 되었기를 바랍니다.

 삶은 크고 거창한 목표로만 채워지는 것이 아니라, 매일의 순간 속에서 나 자신을 알아가고, 나만의 속도로 한 걸음씩 나아가는 과정입니다. 평범한 소중함을 발견하고, 그것을 온전히 느낄 수 있을 때 우리는 비로소 진정한 행복을 마주할 수 있지 않을까요?

행복은 멀리 있는 것이 아니라, 늘 우리 곁에서 기다리고 있다는 사실을 가슴에 새기며, 여러분의 삶을 더 빛나게 만들어 보시길 바랍니다. 이 여정을 통해 각자만의 방식으로 더 나다워지고, 더 행복해지길 진심으로 응원합니다. 감사합니다. 그리고 여러분의 걸음마다 따뜻한 응원이 함께하길 바랍니다.

252 가장 평범한 것이 가장 행복인거야

가장 평범한 것이 가장 행복인 거야

ⓒ이상인 2024

초판인쇄:	2024년 12월 27일
초판발행:	2024년 12월 27일
지은이:	이상인
발행처:	이상한빛
ISBN:	979-11-990749-0-3
출판등록:	제2024-000004호
이메일:	dls9738@naver.com
브런치:	dls9738@brunch.co.kr
인스타그램:	Isanghanbit
정가:	13,500원

이 책은 저작권법에 따라 보호받는 저작물이므로 무단전재와 무단복재를 금지하며, 이 책 내용의 전부 또는 일부를 이용하려면 반드시 저작권자와 이상한빛의 서면동의를 받아야 합니다.